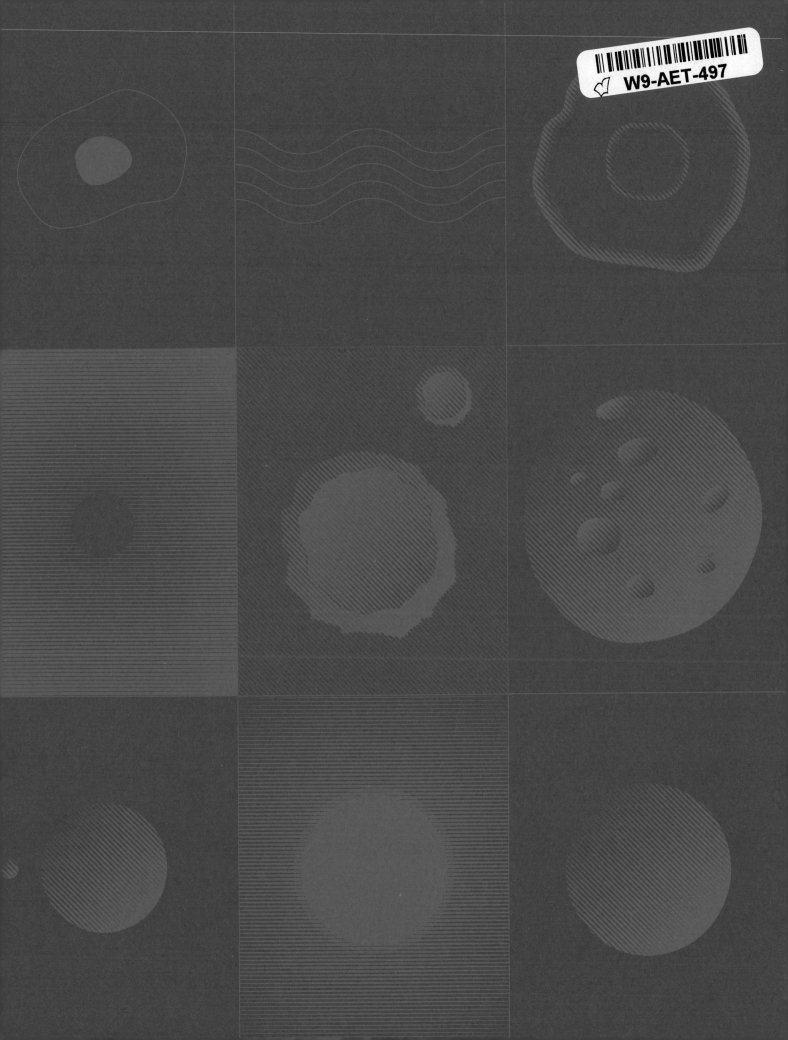

LA
MACHINE-UNIVERS

TIME
LIFE

Ce volume fait partie d'une collection
qui présente l'univers sous tous ses aspects,
depuis ses débuts, avec le Big-Bang,
jusqu'aux prometteuses explorations
spatiales du XXe siècle.

Sur ce cliché en fausses couleurs, la
trajectoire d'une particule dans une
chambre à bulles reflète la complexité
structurelle de l'univers. La collision d'un
kaon négatif *(en jaune)* et d'un proton
invisible engendre un pion positif *(en
orange)*, un pion négatif *(en violet)* et une
particule lambda invisible, tous membres
d'une famille qui comprend les protons et
les neutrons. L'existence du lambda neutre
n'est révélée que par la trace de sa
désintégration ; celle-ci, en forme de V,
produit un proton *(en rouge)* et un muon *(en
bleu)*, qui se désintègrent immédiatement
en un électron *(grande spirale verte)* et
deux neutrinos invisibles.

VOYAGE À TRAVERS L'UNIVERS

LA MACHINE-UNIVERS

PAR LES RÉDACTEURS DES ÉDITIONS TIME-LIFE
ÉDITIONS TIME-LIFE, AMSTERDAM

TABLE DES MATIÈRES

1/La recherche de l'Unité

Le Tevatron, puissant accélérateur de particules du Fermi National Accelerator Laboratory, se trouve sous cette zone circulaire de 2 km de diamètre située près de Chicago, aux États-Unis. Dans leur quête de l'unification des quatre forces fondamentales de la nature, les physiciens emploient des appareils comme le Tevatron pour produire de violentes collisions entre particules et simuler ainsi les conditions très énergétiques qui régnèrent juste après le «big bang».

n raconte que l'une des plus grandes découvertes scientifiques tira son origine d'un fait anodin. L'événement remonte à l'année 1666, alors que Londres venait d'être dévastée par une terrible épidémie de peste bubonique. L'université de Cambridge avait été fermée pour éviter toute prolifération de la maladie dans la population universitaire et Isaac Newton, un jeune étudiant fraîchement diplômé, avait été contraint de poursuivre ses recherches dans son village natal de Woolsthorpe, situé à cent kilomètres au nord-ouest de Cambridge. Là, installé dans une pièce donnant sur le verger familial, il s'était plongé dans son sujet favori, les mathématiques; il utilisait un outil conceptuel qu'il avait lui-même inventé — appelé aujourd'hui calcul différentiel et intégral — pour étudier le comportement des objets en mouvement, et en particulier celui de grands corps célestes tels que la Lune et les planètes.

Quelque cinquante ans plus tôt, l'astronome allemand Johannes Kepler avait révolutionné la mécanique céleste en analysant les observations précises des mouvements planétaires effectuées par l'astronome danois Tycho Brahe, mais personne jusqu'alors n'avait découvert le principe sous-jacent qui expliquait le comportement des planètes — personne, par exemple, ne comprenait pour quelle raison les corps éloignés du Soleil se déplaçaient plus lentement sur leur orbite que les corps plus proches. C'est à la fin de l'été 1666 que Newton en eut l'intuition.

Les circonstances exactes de sa découverte ne sont pas connues mais, selon la légende, elle lui fut inspirée par la chute d'une pomme... Il aurait en effet compris à cet instant que la mystérieuse force qui maintenait la Lune en orbite autour de la Terre était de même nature que celle qui faisait tomber la pomme sur le sol. Un objet qui est lancé parallèlement à la surface de la Terre, raisonna-t-il, est soumis à deux forces: celle qui le propulse droit devant lui et celle qui l'attire vers la planète, c'est-à-dire la gravité terrestre. Si cette dernière l'emporte sur la force de propulsion, l'objet tombe alors plus vite qu'il n'avance et termine sa course en heurtant le sol. En revanche, si la gravité était plus faible que cette force, l'objet aurait une trajectoire rectiligne et, la Terre étant ronde, irait se perdre dans l'espace. Enfin, si les deux forces étaient équilibrées, la chute de l'objet serait exactement compensée par la composante horizontale de sa vitesse, si bien qu'il n'atteindrait jamais le sol : tout comme la Lune, il se mettrait en orbite autour de la Terre.

Newton entreprit de soumettre ses hypothèses à l'épreuve des mathématiques. Il démontra que l'intensité de la force gravitationnelle exercée par un astre sur un autre est proportionnelle à sa masse et que celle d'un grand corps céleste tel que la Terre peut être considérée comme ramassée en son centre. D'autre part, partant des relations mathématiques des lois du mouvement planétaire de Kepler, il conclut que cette intensité est inversement proportionnelle au carré de la distance séparant les deux astres. Selon les estimations de l'époque, la Lune se trouvait à 386 000 km du centre de la Terre, soit 60 fois plus loin de celui-ci qu'une pomme sur sa branche : elle devait donc être soumise à une force gravitationnelle 3 600 fois plus faible. Connaissant l'intensité de la gravité à la surface de la Terre (Galilée avait mesuré qu'un corps en chute libre subissait une accélération de 9,8 m/s par seconde), il entreprit de calculer la vitesse qui devrait animer la Lune pour que — l'attraction terrestre étant compensée — elle reste sur son orbite. Le résultat de ce calcul ne fut guère satisfaisant : il donnait une période orbitale de 29,3 jours, ce qui ne coïncidait pas avec la période observée de 27,3 jours.

Quelques années plus tard, cependant, l'astronome français Jean Picard ayant donné une valeur plus élevée du rayon terrestre, sans changer la distance Terre-Lune, ce calcul fut modifié : le nouveau résultat coïncidait avec la période observée, ce qui confirma que la gravitation n'était pas un phénomène purement terrestre, mais universel, qui rendait compte non seulement du mouvement de la Lune autour de la Terre, mais aussi de celui des planètes autour du Soleil. Les observations de Kepler devenaient ainsi parfaitement explicables : les planètes lointaines se déplaçaient plus lentement parce qu'elles subissaient une force gravitationnelle plus faible.

La théorie de la gravitation universelle, ainsi baptisée dans les *Philosophiae naturalis principia mathematica* (Principes mathématiques de la philosophie naturelle) — ou, plus succinctement, les *Principia* — publiés en 1687, contribua plus que toutes celles qui l'avaient précédée à la compréhension des forces en œuvre dans l'univers et fixa les méthodes de la science moderne. Elle demeura sans retouche pendant plus de deux cents ans et ne fut dépassée que par les grandes théories du XXe siècle, dont elle avait d'ailleurs posé les fondements. Le formalisme mathématique qu'elle développe décrit les principes essentiels de la mécanique classique et la plupart des phénomènes physiques du cosmos : ce n'est que lorsque la vitesse ou la masse sont extrêmement élevées que les théories relativistes d'Albert

Dans ce portrait datant de 1689, Isaac Newton pose sans la perruque habituellement prescrite par les conventions de l'époque ; le regard fixe, Newton songe peut-être à ses *Principia,* publiés deux ans plus tôt, son œuvre maîtresse dans laquelle il expose sa théorie de la gravitation universelle.

Einstein fournissent une description plus exacte. Œuvre d'une portée sans précédent, elle s'inscrit dans une très longue tradition. La science est avant tout la recherche des mécanismes fondamentaux qui régissent des phénomènes physiques variés et complexes, et elle tend à réduire l'apparente diversité des forces à l'œuvre dans la nature. Les premières tentatives en ce sens remontent à Aristote, pour qui la matière ne comportait que quatre éléments fondamentaux: la terre, l'air, le feu et l'eau. Le génie de Newton résulte en partie de cette volonté d'unification qui l'incita à considérer la chute d'une pomme et le mouvement des planètes comme deux manifestations de la même loi physique.

Au XXe siècle, les physiciens partis en quête de l'unification ont connu de grands succès et de grandes frustrations. Ils ont tout d'abord supposé que la matière n'était constituée que de trois particules élémentaires — le proton, l'électron et le neutron — dont les combinaisons, des plus simples aux plus complexes, formaient tous les atomes, puis toutes les molécules. Des expériences et des constructions théoriques ont bouleversé cette conception trop simple, de nouveaux éléments fondamentaux ont été découverts, ainsi que quantité d'autres qui n'apparaissent que dans des conditions particulières. Cependant, la volonté unificatrice s'attachait moins à la recherche des particules élémentaires qu'à celle des forces qui déterminent leur comportement et leurs interactions. Dans la première moitié de ce siècle, les physiciens ont découvert que seules quatre interactions fondamentales régissent tous les phénomènes physiques: la gravitation, l'électromagnétisme, l'interaction nucléaire forte (qui permet au noyau de maintenir sa cohésion) et l'interaction nucléaire faible (responsable de la désintégration de particules à vie relativement longue et d'une certaine forme de radioactivité). Ils ont réussi à établir des liens entre deux, voire trois de ces interactions. Néanmoins, la gravitation, la première qui fut identifiée, reste la pierre d'achoppement de l'unification totale.

Depuis 1920, les physiciens utilisent deux théories distinctes pour décrire l'univers: la relativité et la mécanique quantique. En simplifiant, la relativité concerne le monde de l'infiniment grand et, en particulier, évalue l'influence de la gravitation sur la structure globale du cosmos. La mécanique quantique, elle, concerne le monde de l'infiniment petit et des particules élémentaires. Cantonnée tout d'abord à l'étude du comportement de l'électron, elle a trouvé un champ d'application de plus en plus vaste et a fait émerger l'idée que toutes les forces fondamentales pouvaient être décrites en termes de particules, laissant ainsi entrevoir la possibilité d'une grande synthèse unificatrice. Poursuivant toujours plus loin dans cette direction, les chercheurs ont construit des modèles mathématiques pour la nature quantique de trois de ces interactions, modèles qui ont été confirmés expérimentalement.

Néanmoins, la gravitation reste à l'écart, en partie parce qu'elle s'exerce trop faiblement à l'échelle quantique, et il est probable que les théoriciens devront revoir en profondeur les bases de la physique pour réussir à unifier toute la nature au sein d'une même loi.

L'UNIFICATION ÉLECTROMAGNÉTIQUE

Pendant le siècle et demi qui suivit la publication des *Principia,* la gravitation fut la seule force fondamentale à être étudiée en détail et mise en équations. L'étude de la seconde force fut guidée par une volonté manifeste d'unification, car elle mit en relation trois phénomènes bien connus, à défaut d'être bien compris : l'électricité, le magnétisme et la lumière.

Bien avant l'élaboration de théories mathématiques décrivant les forces électrique et magnétique, on avait observé leurs effets dans la vie courante et on les avait associées à des matériaux spécifiques. Les Grecs, par exemple, avaient remarqué qu'en frottant de l'ambre jaune celui-ci attirait de nombreux corps légers : fils, plumes, poussières..., phénomène connu de nos jours sous le nom d'électricité statique (le mot électricité provient d'elektron, qui signifie ambre en grec). Les premières perceptions du magnétisme remontent peut-être à des époques antérieures, probablement à l'âge du fer, lorsqu'on découvrit qu'un certain type de minéral — la «pierre aimante» ou magnétite — attirait les fragments de fer. Avec le temps, des similitudes curieuses entre ces deux phénomènes apparurent. On nota tout d'abord que les objets magnétisés avaient deux extrémités, ou pôles (nommés ainsi parce qu'un aimant suspendu s'oriente toujours de façon qu'une de ses extrémités soit dirigée vers le nord et l'autre vers le sud), et que les pôles identiques se repoussaient, alors que les pôles opposés s'attiraient. Par tâtonnements, des expériences sur l'électricité statique révélèrent la même caractéristique ; par friction, certains objets devenaient porteurs d'une charge électrique, positive ou négative : ceux de même charge se repoussaient, tandis que ceux de charges opposées s'attiraient. En 1785, une ressemblance supplémentaire fut mise en évidence : le physicien français Charles-Augustin de

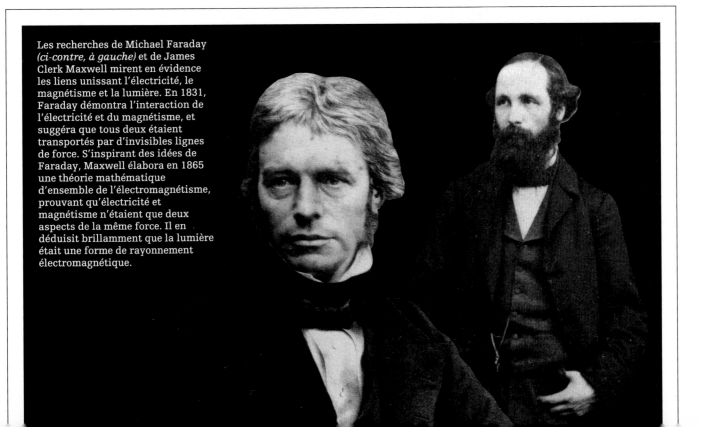

Les recherches de Michael Faraday *(ci-contre, à gauche)* et de James Clerk Maxwell mirent en évidence les liens unissant l'électricité, le magnétisme et la lumière. En 1831, Faraday démontra l'interaction de l'électricité et du magnétisme, et suggéra que tous deux étaient transportés par d'invisibles lignes de force. S'inspirant des idées de Faraday, Maxwell élabora en 1865 une théorie mathématique d'ensemble de l'électromagnétisme, prouvant qu'électricité et magnétisme n'étaient que deux aspects de la même force. Il en déduisit brillamment que la lumière était une forme de rayonnement électromagnétique.

Coulomb démontra que les forces électrique et magnétique obéissent à la loi de l'inverse-carré de Newton, leur intensité étant inversement proportionnelle au carré de la distance. Les savants s'interrogèrent alors sur la façon dont ces forces se propageaient et si elles pouvaient avoir une interaction.

Au début du XIXᵉ siècle, le physicien danois Hans Christian Œrsted fit un pas significatif vers l'unification électromagnétique. Pressentant que les caractéristiques communes de ces deux forces n'étaient pas le fruit du hasard, il réalisa en 1807 une expérience dont le but était de mettre en évidence l'influence éventuelle d'un courant électrique sur un aimant — l'électricité statique, elle, n'en a aucune. Il disposa un fil conducteur contre une boussole, perpendiculairement à l'axe des pôles, et fit passer un courant dans ce fil, espérant que l'aiguille serait déviée dans sa direction, comme elle l'aurait été en présence d'un aimant. Mais l'aiguille ne bougea pas, et Œrsted conclut qu'il avait fait fausse route. Cependant, en tant que maître de conférences à l'université de Copenhague, il poursuivit l'étude des propriétés de l'électricité et du magnétisme. En 1820, alors qu'il donnait un cours sur les courants électriques, il plaça fortuitement un fil parcouru par un courant parallèlement à l'aiguille d'une boussole. À son grand étonnement, l'aiguille s'orienta perpendiculairement au fil : le courant électrique créait donc bien autour de lui un champ magnétique. Toutefois, ni lui ni personne ne pouvait expliquer cette étrange orientation.

Une autre découverte fut faite par un expérimentateur imaginatif. L'Anglais Michael Faraday était fils de forgeron ; il avait grandi dans la pauvreté et n'avait reçu que le strict minimum en matière d'éducation. À l'âge de douze ans, cependant, il devint l'apprenti d'un relieur, ce qui lui permit de satisfaire sa curiosité intellectuelle innée. Pendant ses moments de liberté, il s'intéressait aux ouvrages en cours de reliure et particulièrement aux recueils scientifiques, qui le fascinaient. Des années plus tard, il assista à une série de conférences données par Humphrey Davy, membre éminent de la Royal Institution, établissement scientifique fort réputé à l'époque. Faraday fut si passionné par cette expérience qu'il rédigea et recopia soigneusement les notes qu'il avait prises, puis il les relia de cuir et envoya le volume à Davy — tout en lui demandant s'il ne pouvait pas devenir un de ses assistants. D'abord réticent, Davy finit par lui proposer un poste.

L'entreprenant jeune homme se révéla être l'un des expérimentateurs les plus actifs de son temps ; il travailla pendant quarante-six ans à la Royal Institution, dont il devint le directeur après le départ de Davy. L'un de ses plus importants apports à la science fut de montrer, en 1831, qu'un aimant en mouvement produit de l'électricité, tout comme un courant électrique produisait du magnétisme. Il construisit un appareil simple, à savoir un aimant pouvant se déplacer dans une bobine de fil conducteur reliée à un galvanomètre. Lorsqu'on déplaçait l'aimant, un faible courant passait dans la bobine, mais il disparaissait dès que l'aimant s'immobilisait. L'électricité et le magnétisme semblaient, décidément, être indissociables...

Cela incita Faraday à en apprendre davantage sur le mode de propagation

UNE ÉNIGME
ENFIN RÉSOLUE

En établissant les lois de la gravitation universelle, Isaac Newton posa les principes de base qui gouvernent les mouvements des astres. Il démontra notamment que deux corps s'attirent mutuellement avec une force proportionnelle au produit de leur masse et inversement proportionnelle au carré de leur distance. Ainsi, selon cette loi dite de «l'inverse-carré», deux corps distants de quatre millions de kilomètres subissent une attraction quatre fois plus faible que deux corps de même masse distants de deux millions de

les mouvements des planètes et des satellites du système solaire, ils trouvèrent que toutes les irrégularités de leur trajectoire résultaient de l'influence d'astres jusqu'alors inconnus. C'est ainsi que Neptune fut découverte en 1846, grâce aux anomalies du mouvement d'Uranus. Mercure s'avéra être, toutefois, une exception gênante. On remarqua que son périhélie — le point de son orbite le plus proche du Soleil — avançait légèrement à chaque révolution *(en bas)*, en un mouvement de précession qui ne pouvait pas être expliqué par les seules lois de Newton. Cette énigme ne fut résolue qu'en 1915, après qu'Albert Einstein eut modifié le concept de gravitation en redéfinissant la structure même de l'espace *(pages 14-15)*.

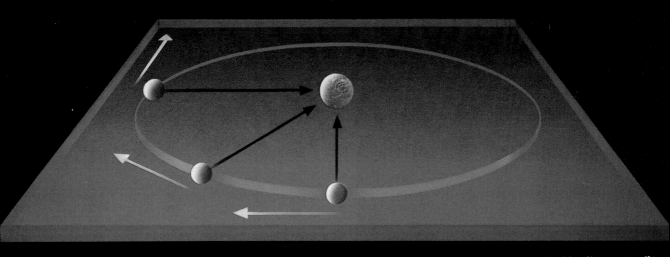

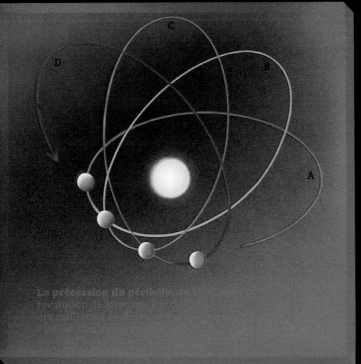

Newton démontra que l'orbite d'un corps céleste autour d'un autre — ci-dessus, la Lune autour de la Terre — résulte de la combinaison de deux forces s'exerçant dans des directions perpendiculaires. Si aucune autre force n'agissait sur elle, la Lune serait éjectée tangentiellement dans l'espace par la force centrifuge *(flèches blanches)*. Mais la gravité terrestre *(flèches noires)* contrebalance cette tendance en l'attirant vers notre planète. La trajectoire courbe qui en résulte est un compromis entre la force centrifuge et la gravité, ce qui permet à la Lune de se maintenir sur une orbite à peu près circulaire.

La précession du périhélie de l'évolution de Mercure

L'ÉLASTICITÉ DE L'ESPACE-TEMPS

Avec sa théorie de la relativité générale, Einstein changea la conception que l'on avait jusqu'alors de l'espace et du temps, considérés comme absolus et invariants. Ils étaient, selon lui, deux aspects d'une seule réalité, un continuum appelé espace-temps. Cette structure relative et dynamique variait de place en place selon la distribution locale des masses. Dans cette conception, l'espace peut être représenté sous la forme d'une membrane élastique, donc à deux dimensions, sur laquelle seraient posées des masses — planètes, étoiles et autres corps: elles y creuseraient des dépressions plus ou moins profondes (ci-dessus, un réseau de lignes fictives permet de visualiser ces déformations).

Réinterprétant la théorie newtonienne — dans laquelle la gravitation apparaît comme une force exercée par des corps — Einstein déclara que les effets observés de la gravitation étaient dus en fait à la déformation de l'espace-temps au voisinage de ces corps. Ces déformations, appelées puits de gravité, dépendent de la masse des astres. Le puits de gravité de Mercure, par exemple *(ci-dessus)*, n'est qu'un petit creux comparé à celui que produit le Soleil *(à gauche)*, quelque dix millions de fois plus grand.

Une preuve orbitale de la relativité

Einstein testa sa nouvelle conception de la gravitation en l'appliquant à un problème inexpliqué par les lois de Newton: la précession du périhélie de l'orbite de Mercure. L'illustration ci-contre est une représentation simplifiée de l'effet qu'il chercha à confirmer mathématiquement. Si l'espace-temps est déformé par la masse du Soleil, alors les distances sont altérées par rapport à celles d'un espace plat. Ainsi, l'orbite d'une planète épousant les contours du puits de gravité solaire se décale graduellement au cours du temps.

Quand Einstein acheva ses calculs et trouva que ses résultats concordaient avec l'anomalie observée dans la trajectoire de Mercure, il sut qu'il avait franchi les limites de la physique newtonienne. «Pendant quelques jours, je fus en proie à une joyeuse excitation», écrivit-il plus tard.

DESCENTE DANS UN PUITS DE GRAVITÉ

Le nouveau concept de gravitation développé par Einstein rend compte des observations effectuées à l'échelle astronomique. Mais c'est une force tellement faible qu'aux distances subatomiques la relativité ne s'applique plus. Il existe une part d'incertitude dans ce domaine car les particules, intangibles, ont un comportement qui ne peut être prédit avec précision. À l'échelle quantique — où les distances et le temps sont de l'ordre de 10^{-33} cm et 10^{-43} seconde — le réseau de lignes définissant la structure d'un puits de gravité devient flou, ses coordonnées fluctuant autour de valeurs moyennes, de sorte que l'espace-temps lui-même devient incertain. C'est le royaume de la mécanique quantique, dans lequel les particules subatomiques parcourent des trajectoires qui ne peuvent plus être décrites qu'en termes de probabilités.

Les théoriciens ont postulé l'existence d'une particule qui transporterait la force de gravitation, appelée graviton *(ci-dessous)*. La confirmation directe de son existence sera toutefois difficile, car on pense que l'effet du graviton est très faible sur des distances aussi petites par rapport au noyau d'un atome qu'un atome est petit par rapport au Soleil.

Les illustrations de droite présentent une vision théorique de l'activité subatomique — très exagérée pour la clarté du dessin — qui pourrait régner dans le puits de gravité du Soleil. Au sommet du puits, loin de la masse du Soleil, l'espace-temps est relativement plat et les gravitons *(lignes ondulées)* sont relativement clairsemés. Tout près du Soleil, la structure de l'espace-temps au niveau quantique serait plus incertaine, les interactions entre les gravitons et les particules matérielles, telles que les quarks *(en rouge)* et les électrons *(boules vertes)* devenant de plus en plus fréquentes de ces deux forces. Nombre de scientifiques avaient opté pour l'explication peu satisfaisante, et quelque peu mystique, d'une action s'exerçant à distance sans l'intervention d'un médiateur, mais Faraday pressentait qu'il n'en était rien. Il effectua une expérience devenue célèbre et réalisée de nos jours dans les salles de classe: il saupoudra de la limaille de fer sur une feuille de papier placée au-dessus d'un aimant, puis il observa la disposition de la limaille sur le papier. Après avoir effectué plus de quinze mille tests divers, il conclut que l'électricité et le magnétisme se propageaient le long de lignes de force invisibles, mais bien réelles, emplissant l'espace et interagissant avec celles engendrées par une autre source.

Il interpréta ces lignes de force comme la manifestation tangible de ce qu'il appela le «champ de force associé». Le concept était révolutionnaire; il fournissait une nouvelle façon de modéliser et de concevoir ces forces à partir de leur zone d'influence.

LES MATHÉMATICIENS À LA RESCOUSSE

Faraday publia la première version de ses résultats en 1839 dans un article intitulé «Recherches expérimentales en électricité», qu'il ne cessa de réviser et d'enrichir par de nouvelles observations pendant près de quinze ans. Cependant, ses connaissances en mathématiques étant insuffisantes, il ne put mettre en équations ses découvertes, ce qui aurait révélé la nature fondamentale de l'électricité et du magnétisme et mis en lumière leurs caractéristiques communes.

Cette formulation fut effectuée par l'Écossais James Clerk Maxwell, un brillant mathématicien qui avait remporté le prix de l'Académie d'Édimbourg à l'âge de quatorze ans. Au début des années 1850, alors qu'il était étudiant à l'université de Cambridge, il s'intéressa aux travaux de Faraday et fut intrigué par les notions de lignes de champ et de lignes de force. Il s'aperçut alors qu'il existait certaines similitudes entre les phénomènes décrits par Faraday et la mécanique des fluides. Assimilant ces lignes de force aux lignes de courant d'un liquide parcourant un tube — l'intensité du «fluide électrique» correspondant à la vitesse du liquide, et sa différence de potentiel, ou voltage, correspondant à la pression — il mit au point les équations qui les décrivaient selon les principes de l'hydrodynamique. Ses calculs, publiés en 1856, correspondaient bien aux effets électriques connus et ils provoquèrent l'admiration, dont celle de Faraday. Il écrivit à Maxwell: «Je fus d'abord presque effrayé qu'il faille tout ce déploiement de force mathématique pour démontrer une théorie, puis émerveillé de voir que vous y avez si bien réussi.»

Mais la contribution majeure de Maxwell restait encore à venir. Grâce à un travail assidu, autant théorique qu'expérimental, il parvint à développer une description mathématique qui unifiait les phénomènes électrique et magnétique et il introduisit le concept de champ pressenti par Faraday. Quatre équations étaient au cœur de cette description, dont les deux plus importantes régissaient la production d'un champ magnétique par un courant électrique et, à l'inverse, celle d'un courant électrique par le champ magnétique variable d'un aimant en mouvement. Ces deux équations devaient être compatibles, mais les premiers calculs de Maxwell montraient le contraire. Il découvrit cependant qu'elles l'étaient à condition d'ajouter un terme clé dans l'équation décrivant la création d'un champ magnétique à partir d'un courant électrique. Ce terme était associé à un effet physique qui n'avait pas été pris en compte jusqu'alors, effet selon lequel on pouvait produire un champ magnétique grâce à un courant variable et non plus constant. L'expérience confirma le bien-fondé de ce terme supplémentaire: l'aiguille d'une boussole placée entre deux plaques chargées oscillait au gré de la variation des courants qui les traversaient.

Cette découverte constitua un progrès considérable. Elle démontra tout d'abord que les champs électrique et magnétique étaient si intimement associés — chacun engendrant l'autre — qu'il était plus judicieux de parler d'un seul phénomène, l'électromagnétisme. Dans son article de 1864 intitulé «Une théorie dynamique du champ électromagnétique», Maxwell montra qu'un champ électromagnétique pouvait se décomposer selon deux plans orthogonaux, l'un contenant un champ purement magnétique, l'autre un champ purement électrique (ce qui expliquait finalement l'expérience d'Œrsted). Les solutions des quatre équations de Maxwell prouvaient que l'électricité et le magnétisme n'étaient que deux aspects d'une force fondamentale unique.

D'autre part, le fait que les champs électrique et magnétique s'engendraient l'un l'autre impliquait qu'ils pouvaient s'auto-entretenir et se propager au loin dans l'espace. Par exemple, un champ électrique variable pouvait engendrer un champ magnétique dont la variation, répondant à celle du champ électrique, créait à son tour un champ électrique, et ainsi de suite... Maxwell comprit que la forme caractéristique de cette propagation devait être une onde, dont il entreprit de calculer la vitesse: celle-ci n'était autre que celle de la lumière. Il en conclut hardiment — et correctement — que la lumière était une forme d'onde électromagnétique. De plus, il imagina que ces ondes pouvaient avoir différentes longueurs. Les scientifiques connaissent bien maintenant le spectre du rayonnement électromagnétique, des rayons gamma aux ondes radioélectriques. En 1889, soit dix ans après la mort de Maxwell, Heinrich Hertz produisait pour la première fois des ondes radio. À cette époque, l'électromagnétisme était reconnu comme une des forces fondamentales de la nature.

DE NOUVELLES THÉORIES

Dans les cinquante ans qui suivirent, la physique devint une science de plus en plus complexe, des concepts nouveaux et souvent étranges venant bousculer des notions séculaires. C'est ainsi qu'en 1897 l'électron fit son apparition lorsque le savant anglais sir Joseph John Thomson, directeur du prestigieux Institut Cavendish, parvint à démontrer qu'un courant électrique était un flux de particules chargées négativement. Quelques années plus tard, le physicien allemand Max Planck introduisit la théorie des quanta en démontrant que les particules chargées accélérées émettaient de l'énergie par d'infimes quantités discontinues, les quanta, et non de manière continue. En 1905, Einstein élabora à partir des travaux de Planck une théorie selon laquelle la lumière était formée de particules — nommées par la suite photons — et non d'ondes. (Aussi étonnant que cela paraisse, la double nature de la lumière, à la fois ondes et particules, est maintenant reconnue.) Ces découvertes modifièrent profondément les principes de l'électromagnétisme. Toutefois, la théorie de Maxwell contribua à la remise en question de la physique classique et elle fut à l'origine de la théorie de la relativité.

Introduite par Einstein en 1905, et immédiatement reconnue comme la clé de voûte d'une nouvelle physique, la théorie de la relativité restreinte est née de la nécessité de résoudre une embarrassante divergence entre la mécanique newtonienne et le comportement des ondes électromagnétiques. Les équations de Maxwell indiquaient que la vitesse de ces ondes est absolue et qu'elle n'est pas influencée par le mouvement de leur source ou celui de l'observateur. Au regard de la physique classique, cela était illogique: par exemple, un rayon lumineux émis par le feu avant d'un train devait se déplacer à une vitesse égale à la somme de celle de la lumière et de celle du train; un tel rayon lumineux devait donc se déplacer plus rapidement qu'un rayon émis par une source immobile. C'est en effectuant une série d'«expériences de pensée» — qui furent confirmées ultérieurement par l'expérimentation — qu'Einstein parvint à démontrer la justesse des idées de Maxwell: la vitesse d'un rayon lumineux est bien invariante, quel que soit le mouvement relatif de la source émettrice et de l'observateur.

De cette proposition découle toute la difficulté conceptuelle de la relativité. En premier lieu, la vitesse de la lumière est, comme toute vitesse, la mesure d'une distance parcourue en un temps donné. Si le rayon lumineux émis par le feu avant d'un train en mouvement a la même vitesse que celui émis par un train immobile, cela signifie que les échelles de temps et de distance sont différentes pour chaque train: elles varient en fonction du mouvement du train; il n'y a donc ni temps ni distance absolus. La relativité restreinte — appelée ainsi car elle ne concerne que des mouvements uniformes, c'est-à-dire rectilignes et à vitesse constante — montre aussi que la masse d'un objet est proportionnelle à son énergie de mouvement ou énergie cinétique. À la vitesse de la lumière, il posséderait une masse infinie et donc une inertie infinie: il ne pourrait donc se mouvoir à une telle vitesse, encore moins à une vitesse supérieure. Cette relation entre masse et énergie amena Einstein à conclure qu'elles sont équivalentes — ce qui implique qu'une masse peut disparaître en donnant de l'énergie ou, au contraire, être créée à partir d'une certaine quantité d'énergie — équivalence qui est donnée par l'équation la plus célèbre du siècle: $E = mc^2$ (c étant la vitesse de la lumière).

D'autre part, peu après avoir découvert l'électron, Thomson avait conçu un modèle d'atome, une sorte de nuage diffus chargé positivement et contenant des particules de charge négative, réparties un peu à la manière des raisins dans un «plum pudding». Il fallut plus de dix ans pour que deux grands physiciens, le Néo-Zélandais Ernest Rutherford et le Danois Niels Bohr, aboutissent à un modèle plus juste. Rutherford postula tout d'abord que les atomes étaient constitués d'un petit noyau dense, de charge positive, autour duquel gravitaient des électrons, une sorte de système solaire en miniature. Bohr affina ce modèle en 1913 en incorporant le principe de Planck : les électrons ne pouvaient se mouvoir que sur certaines orbites définies par leur niveau d'énergie et sautaient d'une orbite à l'autre en émettant ou en absorbant des quanta d'énergie électromagnétique sous la forme de photons.

Selon cette théorie, la cohésion des atomes était maintenue grâce à l'attraction de charges électriques opposées, et toutes les structures moléculaires et les réactions chimiques pouvaient s'expliquer en termes d'interactions entre particules chargées. La force électromagnétique jouait donc un rôle central dans la constitution de la matière, car elle intervenait dans toutes ses manifestations. Cependant, la théorie des champs telle que l'avait formulée Maxwell n'était pas en mesure de prédire toutes les conséquences de ces nouvelles conceptions. La mécanique quantique allait devoir prendre le relais.

LA VOIE QUANTIQUE...

Devant la complexité du monde subatomique, les contemporains de Bohr ne tardèrent pas à percevoir les insuffisances du modèle d'atome qui leur était proposé. L'électron, en particulier, s'avérait être un curieux objet : il avait l'extraordinaire capacité de se déplacer d'une orbite à l'autre en effectuant un saut quantique, et cela sans traverser l'espace séparant les deux orbites. Ce phénomène de variation quantifiée de l'énergie fut naturellement au centre des recherches de la physique quantique. Dans les années 1920, les chercheurs découvrirent que d'autres grandeurs caractéristiques de l'électron — comme sa charge, son moment cinétique et son spin (son état de rotation) — étaient elles aussi quantifiées, c'est-à-dire qu'elles ne pouvaient prendre qu'un certain nombre de valeurs, identifiées par des nombres quantiques. Il restait à formuler une théorie mathématique dont les équations décriraient tout le déroutant mécanisme du comportement de l'électron.

Après plusieurs tentatives infructueuses, une nouvelle théorie atomique émergea en 1927. Elle est due à Werner Heisenberg, jeune physicien allemand enseignant à l'université de Göttingen. Heisenberg avait commencé à travailler sur le sujet dès le début des années 1920, car il estimait que l'idée proposée par Bohr d'un cortège d'électrons en orbite était imprécise ou, pire, trompeuse ; il lui paraissait faux de comparer les électrons à de minuscules planètes tournant autour du noyau, car les vraies planètes, elles, ne peuvent sauter d'une orbite à l'autre à la manière des électrons. Il opta pour une description moins suggestive, selon laquelle les électrons occupaient des « états quantiques » (termes qu'il préféra à orbites) représentant des niveaux d'énergie distincts et effectuaient des transitions entre ces états — de même que dans le modèle de Bohr — en émettant ou en absorbant des photons. En 1925, il développa avec Max Born et son collaborateur, Pascual Jordan, un outil de calcul complexe qui prédisait les valeurs des émissions énergétiques

Insatisfait par les modèles proposés pour décrire le comportement des électrons, le physicien allemand Werner Heisenberg se plongea, au début des années 1920, dans le domaine encore neuf de la mécanique quantique. En 1927, il proposa son «principe d'incertitude» qui exprime le fait que l'objet observé est modifié par l'acte même d'observer ; il est donc impossible de mesurer simultanément deux propriétés conjuguées d'une particule : on peut déterminer avec précision soit sa position, soit sa quantité de mouvement, mais jamais les deux en même temps. En démontrant que le comportement des particules ne pouvait être décrit qu'en termes de probabilités, Heisenberg ouvrit la voie aux théories quantiques des forces qui les gouvernent.

dues aux transitions, valeurs réellement observées lors d'expériences de laboratoire. Cependant, les équations semblaient enfreindre l'une des règles de base des mathématiques, la loi de commutativité, selon laquelle le résultat d'une multiplication ne dépend pas de l'ordre des facteurs. Dans les équations de Heisenberg, multiplier la valeur de la position d'un électron par celle de sa quantité de mouvement produisait des résultats différents en fonction de celle qui était calculée en premier. Heisenberg ne s'étendit pas sur cette anomalie dans ses articles, mais il y avait là un problème qui devait être clarifié si l'on voulait produire une théorie satisfaisante de la mécanique quantique.

La clarification vint grâce à ce qui aurait pu passer tout d'abord pour une complication supplémentaire. En 1924, le Français Louis de Broglie avait proposé que toute particule en mouvement devait être associée à une onde dont la longueur est liée à la masse et à la vitesse de la particule : il fallait donc considérer les électrons non seulement comme des particules, mais aussi comme des ondes. Le célèbre physicien autrichien Erwin Schrödinger reprit cette idée et, en mars 1926, il montra comment les équations d'ondes pouvaient prédire le comportement des électrons. Selon lui, une transition d'énergie était causée par une variation de fréquence d'onde plutôt que par un saut quantique. La communauté scientifique accueillit cette idée avec d'autant plus d'intérêt que les équations d'ondes étaient plus familières et plus faciles à manier que les formules de Heisenberg.

LE PRINCIPE D'INCERTITUDE

Pendant qu'un long débat opposait Bohr et Schrödinger, Heisenberg continuait à chercher comment concilier les descriptions particulaire et ondulatoire. Il trouva en 1927. Examinant l'étrange relation qui apparaissait dans ses formules entre la position de l'électron et sa quantité de mouvement, il réalisa que ces deux valeurs ne pouvaient être simultanément connues. En effet, le fait même de déterminer sa position entraînait une modification de son mouvement au point de le rendre imprévisible et, réciproquement, l'exacte détermination de sa vitesse et de sa direction rendait incertaine sa position : selon les conditions d'expérimentation, il se comportait soit comme une onde, soit comme une particule, mais pas comme les deux à la fois. Ainsi, un infime mais irréductible «zeste» d'incertitude existait dans le monde quantique. La description complète de l'électron ne pouvait donc se faire qu'en termes de probabilités...

Ce principe d'incertitude fit faire un progrès décisif à la mécanique quantique dont l'étrangeté est bien résumée dans les propos tenus par Niels Bohr à un étudiant: «Si quelqu'un me dit qu'il peut réfléchir aux problèmes quantiques sans avoir le vertige, cela montre simplement qu'il n'en a pas compris un traître mot.» Einstein n'accepta cette conception probabiliste qu'à contre-cœur, et après l'avoir controversée pendant des années, car elle était contraire à tous ses instincts scientifiques. Cependant, certains chercheurs voulurent connaître ses implications pratiques dans la théorie de l'électromagnétisme, dont les équations devaient être reformulées pour prendre en compte les effets quantiques. En effet, comme les photons représentent un rayonnement électromagnétique et ne peuvent donc pas exister sans la présence d'un champ électromagnétique, il fallait chercher quelles étaient les interactions entre photons et électrons, c'est-à-dire édifier une théorie quantique du champ électromagnétique.

Le physicien anglais Paul Dirac avança une théorie révolutionnaire en 1928, appelée électrodynamique quantique (*Quantum Electrodynamics*, en anglais, couramment abrégée en QED), car elle appliquait la théorie des quanta à la dynamique des champs électromagnétiques. En étudiant ces champs avec les nouveaux outils de la mécanique quantique, il put décrire en détail les diverses interactions entre photons et électrons. Son plus grand succès fut d'intégrer la relativité restreinte — et donc l'équivalence matière-énergie — dans une équation de mouvement qui expliquait le comportement d'électrons se déplaçant à une vitesse proche de celle de la lumière. Il montra que le comportement quantique entraînait la destruction et l'apparition d'autres particules, ainsi que des transformations incessantes entre matière et énergie. Par exemple, le saut d'un électron vers un état quantique de plus basse énergie avec émission d'un photon était redéfini comme la destruction d'un électron aussitôt suivie de la création d'un autre électron d'énergie plus basse et d'un photon.

Cette équation, connue sous le nom d'équation de Dirac, réserva d'autres surprises. Elle prédit, par exemple, l'existence d'un électron positif, de très courte durée de vie: un anti-électron qu'on appela positon. Plus tard, on découvrit qu'à chaque particule de matière correspond de même une antiparticule. Quand elles se rencontrent, elles s'annihilent: elles se désintègrent en dégageant de l'énergie — en l'occurrence deux photons. L'antimatière venait ainsi d'être révélée, mais, pour ceux qui cherchaient l'unification des forces, l'électrodynamique quantique contenait un message encore plus important: l'interaction électromagnétique était transmise par des particules.

Selon la QED, quand deux électrons se trouvent suffisamment proches l'un de l'autre pour avoir une interaction, ils échangent un certain type de photons qui transportent la force électromagnétique à laquelle ils sont soumis. L'équation de Dirac indique que ces photons opèrent selon le principe d'incertitude, surgissant pendant un temps si bref qu'ils sont indétectables.

En conséquence, et pour les distinguer des photons observables, on les appelle des photons virtuels. Cette notion de particule médiatrice d'une interaction est devenue commune à la description de toutes les forces.

L'électrodynamique quantique buta cependant sur quelques problèmes. Heisenberg et le physicien autrichien Wolfgang Pauli, dont les travaux avaient contribué à la découverte du spin de l'électron, notèrent que certains de ses calculs donnaient des valeurs infinies, donc aboutissaient à des solutions indéterminées ou dénuées de sens. Cette difficulté surgissait dans des équations décrivant l'interaction d'un électron avec son propre champ, concept connu sous le nom d'auto-énergie. Il faudra plus de vingt ans pour débarrasser les équations de la QED de ses divergences à infini et la rendre ainsi pleinement opérationnelle.

LES INTERACTIONS NUCLÉAIRES FORTE ET FAIBLE

Pendant une courte période qui suivit la publication de l'électrodynamique quantique de Dirac, certains scientifiques pensèrent qu'ils étaient sur le point de tout découvrir sur l'atome et que la physique allait enfin pouvoir tout expliquer. Cet optimisme fut renforcé par la confirmation expérimentale de l'existence de l'antimatière en 1932 et, la même année, par la découverte du neutron, qui rendait compte de la masse du noyau. Mais ils se trompaient: de nouvelles complexités allaient surgir qui mettraient en lumière deux nouvelles forces fondamentales.

Depuis la fin du XIXᵉ siècle, les chercheurs étudiaient des minéraux radioactifs, composés d'atomes dont le noyau semblait émettre des électrons hautement énergétiques, processus désigné de nos jours sous le nom de désintégration bêta. (Dans les émissions radioactives, les noyaux d'hélium sont appelés particules alpha, et les électrons particules bêta.) Les raisons de ce phénomène restaient très obscures et la perplexité s'accrut lorsque, en 1927, des expériences montrèrent que l'énergie émise sous forme d'électrons n'était pas égale à celle perdue par le noyau. Pour expliquer cette différence, Wolfgang Pauli postula, en 1930, l'existence d'une particule inconnue, mais, faute d'arguments sérieux, il ne publia pas son hypothèse. Fin 1933 cependant, le physicien italien Enrico Fermi publia une théorie qui non seulement reprenait l'idée de Pauli, mais interprétait la désintégration bêta comme le produit d'une nouvelle force: l'interaction nucléaire faible.

Fermi avait choisi pour modèle l'électrodynamique quantique, en dépit du problème des valeurs infinies qui apparaissaient dans ses équations. Il postula que la désintégration bêta consistait en la transformation d'un neutron en proton avec création et émission d'un électron et d'une nouvelle particule, très énergétique mais de charge nulle, qu'il baptisa neutrino. (Les physiciens découvrirent plus tard que cette particule de charge nulle était, en réalité, un antineutrino, dont le spin était opposé à celui de l'électron, la somme des deux spins s'annulant conformément aux prévisions de la théorie.) Des calculs fondés sur des mesures de laboratoire montrèrent que la force régissant cette transformation était extraordinairement faible et avait une très courte

portée, contrairement à l'électromagnétisme et à la gravitation, dont la portée était infinie.

Fermi ne s'interrogea pas sur la nature précise des particules médiatrices de cette force, qui devaient être analogues aux photons de l'électromagnétisme. Laissant à d'autres le soin de les découvrir — ce qui ne sera fait que bien plus tard — il se tourna vers d'autres travaux précurseurs de l'âge atomique: le bombardement du noyau atomique par des neutrons, la création d'éléments radioactifs et la fission de l'atome. On notera cependant que la théorie de l'interaction faible bâtie par Fermi était si réussie et expliquait si bien les faits expérimentaux qu'elle a survécu pratiquement inchangée jusqu'à nos jours et qu'elle est encore utilisée en guise d'utile approximation des phénomènes de désintégration bêta dans le noyau.

Alors même que Fermi développait sa théorie, certains physiciens s'interrogeaient sur une autre bizarrerie du monde subatomique: du fait de leur charge positive, les protons d'un noyau atomique auraient dû se repousser et non rester soudés en son sein...

On supposa tout d'abord que l'attraction électromagnétique liant les électrons au noyau était suffisamment forte pour compenser les forces répulsives existant à l'intérieur du noyau, hypothèse qui fut bientôt infirmée. Au début des années 1930, beaucoup de physiciens avaient acquis la conviction qu'une nouvelle force inconnue, capable de compenser la répulsion électromagnétique dans le noyau, était à l'œuvre. Plusieurs décennies furent nécessaires pour que les détails de cette interaction nucléaire forte soient découverts, mais ses traits essentiels ne furent dégagés qu'en 1935 par le brillant scientifique japonais Hideki Yukawa, qui s'était orienté vers la physique théorique quelques années plus tôt, à la grande déception de son père qui le destinait à la géologie.

Durant ses études à l'université de Kyoto, Yukawa s'était penché sur l'électrodynamique quantique et avait essayé de résoudre le problème des valeurs infinies. Ne pouvant y parvenir, il s'était tourné vers l'étude du noyau atomique et de la force qui maintenait sa cohésion. Après deux années d'efforts — et guidé par le postulat d'une interaction faible proposé par Fermi — il mit au point une théorie de la cohésion nucléaire qui empruntait beaucoup au formalisme de la QED, bien qu'elle décrive un phénomène différent.

Yukawa était parti de l'hypothèse qui stipulait que toutes les forces devaient être fondamentalement similaires. Selon lui, si la gravitation et l'électromagnétisme se manifestaient par l'intermédiaire de champs, il en était de même pour l'interaction nucléaire forte. De plus, si la théorie quantique des champs pouvait être utilisée pour l'électromagnétisme, il devait en être de même pour la nouvelle force. Reprenant un raisonnement utilisé par Heisenberg, il imagina que les protons et les neutrons baignaient dans des champs de particules virtuelles, médiatrices de l'interaction forte. Sa théorie montra qu'à l'intérieur du noyau les neutrons se transformaient continuellement en protons et vice versa — mais de façon telle que le nombre de protons et de neutrons reste constant — en échangeant des particules virtuelles

LES GRANDES FAMILLES DE PARTICULES

La nature dans toute sa diversité est composée d'à peine vingt types de particules fondamentales, constituant à la fois la matière et les forces qui agissent sur elle. La liste de ces particules dites élémentaires, dont les caractéristiques principales sont montrées à droite, s'est considérablement allongée au cours des cinquante dernières années. Auparavant, les physiciens croyaient que le proton, le neutron et l'électron étaient les constituants les plus fondamentaux de la matière; quant au photon, il était le seul médiateur de force connu. Les découvertes ultérieures ont montré que les protons et les neutrons sont eux-mêmes composés de particules plus petites, qui se classent en plusieurs variétés et se combinent pour créer des centaines d'autres particules composites. Les chercheurs ont ainsi mis en évidence d'autres «briques» indivisibles de la matière et confirmé l'existence des particules médiatrices des interactions nucléaires forte et faible. À ce jour, le graviton — l'hypothétique médiateur de la gravitation — et le quark top restent non détectés.

Chaque particule présente une combinaison unique des valeurs de sa masse, de sa charge et de son spin, qui la distingue de toutes les autres; chacune possède également un partenaire d'antimatière (non montré ici), particule de masse identique mais de charge toujours opposée. (Le photon, qui n'a pas d'antiparticule, est une des rares exceptions.) Elles sont regroupées en deux grandes familles: les fermions *(tableaux bleu clair)*, qui ont des valeurs de spin fractionnaires telles que $1/2$ ou $3/2$, et les bosons *(tableaux gris)*, qui ont des spins entiers: 0, 1 ou 2. Tous les médiateurs de forces sont des bosons, et pratiquement toutes les particules matérielles sont des fermions.

Les fermions se divisent eux-mêmes en deux groupes: les leptons et les quarks. Les leptons ont pour propriété commune de ne pas répondre à l'interaction forte, alors que tous les quarks le font. Ils sont généralement solitaires: sauf cas exceptionnels, ils ne se combinent ni entre eux ni avec d'autres particules, à l'inverse des quarks qui sont toujours liés au sein de particules composites plus grandes. Ils ont une durée de vie variable: l'électron ne se désintègre jamais et il semblerait qu'il en soit de même pour les trois neutri-

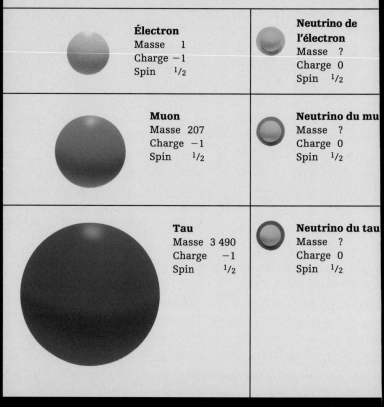

FERMIONS

LEPTONS

Électron Masse 1 Charge −1 Spin $1/2$		**Neutrino de l'électron** Masse ? Charge 0 Spin $1/2$	
Muon Masse 207 Charge −1 Spin $1/2$		**Neutrino du mu** Masse ? Charge 0 Spin $1/2$	
Tau Masse 3 490 Charge −1 Spin $1/2$		**Neutrino du tau** Masse ? Charge 0 Spin $1/2$	

nos; le tau, au contraire, ne dure en moyenne que un dix-millionième de microseconde. Les trois tableaux supérieurs représentent des sous-groupes étroitement reliés. Ainsi, chacun des leptons de charge négative est associé à un neutrino («petit neutre», en italien) sans charge: les muons et les neutrinos muoniques, par exemple, sont toujours créés ensemble lors de la désintégration de certaines particules.

Il existe six variétés de quarks (six «saveurs»), elles-mêmes subdivisées en trois «couleurs». En combinant soit deux, soit trois quarks, on forme deux types différents de particules composites: les baryons — et, parmi eux, les protons et les neutrons — qui sont des fermions car la somme des spins des trois quarks qui les composent a une valeur fractionnaire; quant aux mésons, formés de deux quarks seulement, ils ont un spin entier, ce qui les classe parmi les bosons.

FERMIONS

QUARKS

Up
Masse 10
Charge $+2/3$
Spin $1/2$

Down
Masse 20
Charge $-1/3$
Spin $1/2$

Charm
Masse 2 900
Charge $+2/3$
Spin $1/2$

Strange
Masse 195
Charge $-1/3$
Spin $1/2$

Top
Masse 58 000
Charge $+2/3$
Spin $1/2$

Bottom
Masse 8 900
Charge $-1/3$
Spin $1/2$

BOSONS

FORCES

Photon (électromagnétisme)
Masse 0
Charge 0
Spin 1

W$^+$ (interaction faible)
Masse 162 000
Charge $+1$
Spin 1

W$^-$ (interaction faible)
Masse 162 000
Charge -1
Spin 1

Z^0 (interaction faible)
Masse 182 000
Charge 0
Spin 1

Gluon (interaction forte)
Masse 0
Charge 0
Spin 1

Graviton (gravitation)
Masse 0
Charge 0
Spin 2

BARYONS
(triplets de quarks)

Proton
Un proton est constitué de deux quarks up *(petits triangles)* et d'un quark down *(grand triangle)*. Les gluons *(en bleu)*, qui véhiculent l'interaction forte, assurent leur liaison. Les quarks up ayant une charge $+2/3$ et le quark down une charge $-1/3$, l'ensemble a une charge $+1$.

Neutron
Un neutron est constitué de deux quarks down *(grands triangles)* et d'un quark up *(petit triangle)*, liés par des gluons *(en bleu)*. Les neutrons n'ont pas de charge parce que les charges $-1/3$ des quarks down annulent la charge $+2/3$ du quark up.

MÉSONS
(doublets de quarks)

Kaon
Les mésons sont composés de deux quarks, dont l'un est nécessairement une antiparticule. Dans le kaon, un quark strange *(rouge plein)* se combine à un antiquark up *(cerné rouge)*; ils sont liés par des gluons.

Pion
Un pion est composé d'un quark up *(rouge plein)* lié par des gluons à un antiquark down *(cerné rouge)*. Il existe de nombreux autres types de mésons, chacun constitué d'une paire quark-antiquark différente.

de charge positive ou négative. Le flux incessant de ces deux types de particules maintenait sa cohésion et constituait l'interaction forte.

Le plus grand succès de Yukawa fut d'élucider la nature des particules virtuelles. Comme la portée de l'interaction forte était très limitée — moins d'un billionième de centimètre, soit environ le diamètre d'un proton — ces particules devaient se désintégrer très rapidement; dans le cas contraire, l'interaction aurait une portée trop longue et elle interférerait avec la force électromagnétique s'exerçant entre le noyau et les électrons. Yukawa parvint à calculer leur masse qu'il estima à environ deux cents fois celle de l'électron, c'est-à-dire un dixième de celle du proton. Ces particules furent appelées mésons, mot grec qui signifie milieu. Yukawa postula que la désintégration du méson était due à l'interaction faible, qui devait elle-même s'exercer au

DES COLLISIONS SUBATOMIQUES...

Pour découvrir l'unité des forces fondamentales de la nature qui, pense-t-on, existait à la naissance de l'univers, les physiciens utilisent des accélérateurs de particules de plus en plus puissants afin de simuler les conditions qui régnaient juste après le «big bang». En provoquant de violentes collisions entre des particules chargées, accélérées à des vitesses proches de celle de la lumière, ils espèrent produire d'intenses bouffées d'énergie qui, à leur tour, feraient naître des particules encore plus fondamentales.

Dans le schéma ci-dessus — correspondant au principe du super synchrotron à protons (SSP) du Centre européen de recherche nucléaire (CERN) — un faisceau de protons (en gris) est projeté contre un faisceau d'antiprotons (en blanc). Le choc, qui libère une énergie de 540 milliards d'électronvolts (540 GeV), peut faire apparaître dans son sillage les traces des trois particules médiatrices de la force faible, responsable de la désintégration radioactive. Deux d'entre elles, W^+ et W^-, sont de même masse mais de charges opposées; l'autre, Z^0, a une masse plus importante mais une charge nulle.

Les particules W sont créées dans les collisions entre protons (en haut, à droite) et antiprotons (à haut, à gauche). La désintégration de la W^- donne un électron (vert sombre) et un antineutrino (vert clair); celle de la W^+ donne un neutrino et un positon — l'antiparticule, de charge positive, de l'électron.

Plus rarement, les collisions proton-antiproton engendrent la particule Z^0. Celle-ci se désintègre le plus souvent en quarks et antiquarks, indiscernables parmi les autres produits de la collision. Elle n'est donc repérée que lors de sa désintégration, plus rare, en muons et antimuons, montrés ici.

moyen de particules virtuelles similaires, celles-ci disparaissant lors des désintégrations bêta en donnant naissance à des électrons et des neutrinos. Il ajouta que, bien que les hypothétiques mésons disparussent trop vite pour être observés en tant que médiateurs, ils pourraient être détectés lors de collisions subatomiques à haute énergie.

De telles collisions se produisent dans l'atmosphère quand les rayons cosmiques — des flux de particules chargées qui parcourent l'espace à très grande vitesse — frappent les molécules de l'air, engendrant une foule de particules très énergétiques. C'est grâce aux rayons cosmiques que, en 1932, le physicien américain Carl Anderson avait détecté le positon, antiparticule de l'électron. Pour cela, il avait utilisé un dispositif appelé chambre à brouillard, sorte d'enceinte étanche remplie d'air saturé en vapeur d'eau qui se

... DE PLUS EN PLUS VIOLENTES

Les niveaux d'énergie les plus élevés ont été obtenus au Fermi National Accelerator Laboratory (FermiLab), près de Chicago. Comme le SSP du CERN, ce complexe *(schématisé ci-dessus)* projette l'un contre l'autre protons et antiprotons après les avoir extraits *(à droite)* et leur avoir fait parcourir plusieurs milliers de tours dans le champ magnétique d'un anneau accélérateur. Un anneau annexe, équipé de très puissants aimants, propulse alors les faisceaux à une vitesse encore plus proche de celle de la lumière et provoque un choc qui libère près de deux mille milliards d'électronvolts (TeV, d'où le nom de l'appareil : Tevatron). On espère ainsi détecter le quark top, la plus massive des six particules fondamentales *(page 27)* et la seule à ne pas avoir été mise en évidence. En raison de sa masse, le quark top ne pourra être révélé que dans des collisions produisant des gluons de très haute énergie — médiateurs de l'interaction forte qui lie les particules du noyau.

L'annihilation entre les trois quarks qui composent le proton et les trois antiquarks qui forment l'antiproton libère des gluons *(en bleu)*, dont l'interaction engendre des particules comme le quark top, très massif, et l'antiquark top.

condense au passage d'une particule, matérialisant ainsi sa trajectoire. En 1936, il détecta une autre particule étrange, de charge négative, mais de masse deux cents fois plus élevée que celle de l'électron, valeur prédite pour le méson. L'article de Yukawa, paru en 1935 dans l'indifférence générale, fut l'objet d'une attention soudaine, et un certain nombre de physiciens proclamèrent que le médiateur de l'interaction forte était découvert...

Cependant, ils avaient tort. Il s'avéra que cette première particule, connue de nos jours sous le nom de méson mu, ou muon, ne se comportait pas selon les prévisions : étant de charge négative, elle aurait dû, en passant au voisinage d'un noyau atomique, subir l'effet combiné de l'interaction forte et de l'attraction électromagnétique du noyau, de charge positive, ce qui l'aurait attirée dans le noyau. Les expériences menées à la fin de la Seconde Guerre

Un bon piège pour Z⁰

Bien que les collisions proton-antiproton produisent occasionnellement la Z^0, fugitive médiatrice de l'interaction faible, les traces de cette particule sont difficiles à détecter dans l'écheveau compliqué formé par les nombreux produits de collision et de désintégration. Le meilleur moyen de repérer sa trace consiste à annihiler électrons et positons en une bouffée d'énergie équivalant à sa masse — environ 91 GeV. Ce niveau est toutefois difficile à atteindre, car les électrons et les positons rayonnent une énergie considérable en parcourant des trajectoires courbes. Les chercheurs du CERN ont donc conçu le «grand accélérateur électron-positon» *(à droite)*, dont la circonférence de 25 km réduit considérablement les pertes radiatives. Propulsés initialement par le SSP *(cercle intérieur)*, les faisceaux d'électrons et de positons atteignent chacun un pic d'énergie de 45,5 GeV, dont la combinaison produit les Z^0 en abondance.

Comme la recherche de particules encore plus massives exigerait des énergies encore plus élevées et des anneaux circulaires plus longs et plus coûteux, les accélérateurs linéaires semblent être la meilleure alternative pour le future. Le «Stanford linear collider», ou SLC *(à l'extrême droite)*, guide les électrons et les positons dans un accélérateur long de 3 km vers un circuit ovale où aura lieu la collision.

La présence de quarks et d'antiquarks lors de collisions électrons-positons est un indice certain de la désintégration de l'éphémère Z^0.

mondiale montrèrent qu'il n'en était rien: le muon n'était pas le médiateur de l'interaction forte (il se trouve même qu'il ne fait pas partie de la classe des mésons). Enfin, en 1946, une particule encore plus lourde fut découverte, le méson pi, ou pion, qui se comportait tel que prévu: Yukawa voyait sa théorie confirmée.

LE TRIOMPHE DE L'ÉLECTRODYNAMIQUE QUANTIQUE

Après la guerre, les recherches sur les quatre interactions fondamentales firent des progrès significatifs. Bien que toutes les forces fussent connues dans leurs grandes lignes, certains détails manquaient, et les théoriciens s'attachèrent à affiner leurs modélisations. D'autre part, les expérimentateurs, qui savaient maintenant produire des collisions à haute énergie dans des accélérateurs de particules, découvrirent une foule de nouvelles particules, qui non seulement confirmaient d'anciennes hypothèses, mais en inspiraient de nouvelles. Enfin, en 1948, trois physiciens réussirent, chacun de leur côté, à résoudre le problème des valeurs infinies dont souffrait l'électrodynamique quantique.

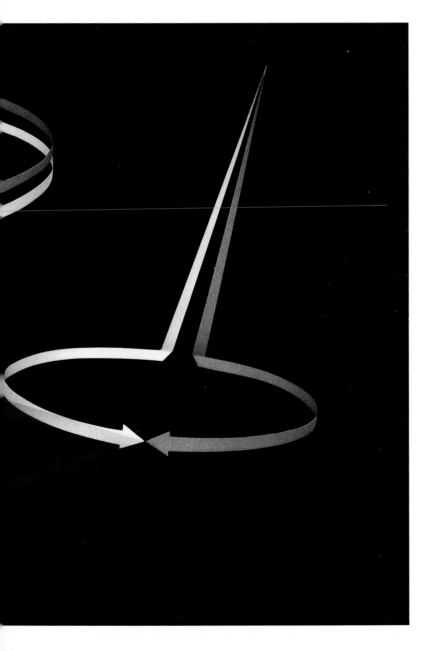

Ces trois hommes, qui se partagèrent le prix Nobel en 1965, étaient les Américains Julian S. Schwinger et Richard P. Feynman, et le Japonais Shin'ichiro Tomonaga. Leur technique, issue d'une idée développée dans les années 1930 par d'autres physiciens, est connue sous le nom de renormalisation. Il s'agit d'une sorte de stratagème mathématique qui consiste à ajouter une valeur infinie à un des termes d'une équation afin de compenser la valeur infinie surgie dans un autre.

C'est la description du processus de Feynman qui est la plus compréhensible. Il expliqua que la masse observée d'un électron inclut son énergie propre et une autre quantité, connue sous le nom de masse nue, qui ne peut être observée à cause de l'effet d'écran produit par le nuage de particules virtuelles qui entoure l'électron. Or les divergences à infini apparaissent quand la particule est en interaction avec son propre champ. Cette masse nue étant inobservable, il est possible de lui donner une valeur infinie négative qui compense la valeur infinie positive apparaissant dans les calculs d'auto-énergie. Ce tour de passe-passe mathématique permit enfin aux physiciens de prédire avec précision le comportement de l'électron. C'est ainsi, par exemple, que des tests de laboratoire ayant pour but de mesurer le moment magnétique de l'électron — le champ magnétique créé par son mouvement — donnèrent un résultat qui différait de la valeur théorique de un dix-milliardième seulement, alors que cette différence était bien plus grande quand on utilisait les équations originelles.

Tous les éléments étaient maintenant en place pour tenter l'unification des forces fondamentales. Un concept difficile mais prometteur, développé pour la première fois en 1918, allait jouer un rôle moteur dans cette tentative: le concept de symétrie. Celui-ci fut introduit dans la théorie quantique des

L'ULTIME APPROCHE

Près de Dallas, au Texas, le «superconducting supercollider» (SSC) devrait être opérationnel en 1999. Deux jets opposés de protons seront extraits d'anneaux plus petits *(en haut)* et injectés dans l'anneau principal, mesurant près de 70 km de circonférence et équipé d'aimants supraconducteurs. La faible inflexion de l'anneau géant minimisera les pertes d'énergie dues à la courbure de la trajectoire des protons. Après avoir accompli trois millions de tours, les protons se heurteront mutuellement à une énergie de 40 TeV — simulant les conditions qui devaient régner dans le cosmos moins de 10^{-13} seconde après le «big bang».

Ce type de collision permettra de mieux comprendre la façon dont la matière est née de l'énergie, aux premiers instants de l'univers. Les physiciens espèrent détecter la particule de Higgs *(à droite)*, médiatrice d'une hypothétique cinquième force conférant de la masse à toutes les particules.

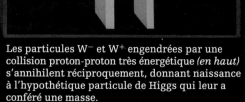

Les particules W⁻ et W⁺ engendrées par une collision proton-proton très énergétique *(en haut)* s'annihilent réciproquement, donnant naissance à l'hypothétique particule de Higgs qui leur a conféré une masse.

champs en 1954 par deux scientifiques du laboratoire national Brookhaven, à New York, Chen Ning Yang et Robert Mills. En simplifiant, la symétrie d'un système est l'invariance d'une de ses propriétés quand le système subit des transformations. Alors étudiant à l'université de Chicago, à la fin des années 1940, Yang avait réalisé que l'électromagnétisme pouvait être décrit en termes de symétrie — la vitesse de la lumière restant la même quel que soit le mouvement de l'observateur ou de l'objet observé. Ce principe est aussi connu sous le nom d'invariance de jauge, le mot jauge étant synonyme de calibre de mesure.

Quelques années plus tard, Yang et Mills démontrèrent mathématiquement comment les théories de jauge pouvaient être appliquées à l'interaction nucléaire forte. Elles permettaient une nouvelle approche du sujet, dont le point de départ était l'identification d'une symétrie à partir de laquelle un champ de jauge la conservant était mathématiquement construit. C'est en appliquant ces principes généraux que le physicien américain Murray Gell-Mann donna une nouvelle vision de l'interaction forte et de la vraie nature des particules qui y sont associées.

LES SAVEURS ET LES COULEURS DES QUARKS

Dans les années 1950, on découvrit de nouvelles particules associées à l'interaction forte — qu'on désigna par les lettres de l'alphabet grec : lambda, sigma, xi, etc. — qui différaient les unes des autres par un de leurs caractères, tels que la masse ou la charge. Gell-Mann entreprit d'expliquer à l'aide des théories de jauge non seulement ces différences mais aussi les similitudes entre ces nouvelles particules, collectivement appelées hadrons. En 1961, il proposa que tous les hadrons, dont font également partie le proton et le neutron, pouvaient être classifiés à partir d'une symétrie sous-jacente bien qu'ils aient des caractéristiques diverses. Comme cela se produit parfois, un physicien israélien, Yuval Ne'eman, parvint de son côté, et à peu près en même temps, à la même conclusion. Trois ans plus tard, Gell-Mann et le physicien américain George Zweig comprirent que l'agencement des hadrons pouvait s'expliquer en imaginant que ceux-ci étaient formés de particules encore plus petites, groupées selon diverses combinaisons. Zweig les baptisa «as», mais c'est le terme «quark», proposé par Gell-Mann — et tiré d'un roman de James Joyce, *Finnegans Wake* — qui fut adopté.

Les physiciens furent tout à coup confrontés à une nouvelle conception des particules élémentaires. Gell-Mann suggéra qu'il existait trois types de quarks, ou «saveurs», qu'il appela «up», «down» et «strange», que les protons et les neutrons étaient constitués chacun de trois quarks de saveurs up et down uniquement, mais combinés différemment, les quarks strange n'apparaissant que dans des particules produites lors d'expériences à haute énergie. Il suggéra également que d'autres hadrons, tels les pions, étaient faits de deux quarks seulement. Finalement, les chercheurs prédirent l'existence de trois autres saveurs — charm, top et bottom — qui permettaient de comprendre l'existence d'autres particules. (À ce jour, seule l'existence du quark top n'a pas encore été confirmée expérimentalement.) Mais Gell-Mann n'en resta pas là. Travaillant en collaboration avec un jeune physicien allemand enthousiaste, Harald Fritzsch, il introduisit d'autres variétés en 1971. Pour mieux comprendre comment les quarks se combinaient, il leur attribua une propriété supplémentaire qu'il baptisa «couleur», propriété associée à l'interaction forte de même que la charge électrique est associée à l'électromagnétisme. En fait, Gell-Mann était en train de construire pour l'interaction forte l'équivalent de l'électrodynamique quantique. Il baptisa sa théorie chromodynamique quantique.

Cette propriété existait sous trois formes, nommées rouge, vert et bleu, chaque saveur de quark possédant l'une de ces couleurs. La règle de base impliquait que les quarks devaient se combiner de façon que leurs diverses couleurs soient neutralisées, un peu comme le mélange des trois couleurs primaires de la lumière donne le blanc.

La conception de l'interaction forte fut profondément modifiée par cette théorie, en ce sens qu'il fallut en chercher les agents à un niveau encore plus élémentaire: les pions ne pouvaient plus en être les médiateurs puisqu'ils étaient formés de quarks, comme tous les hadrons. Cet intermédiaire fut appelé gluon, et il fallut envisager rien moins que huit sortes de gluons pour rendre compte de toutes les combinaisons possibles entre les quarks.

Manifestement, l'électromagnétisme et l'interaction forte différaient sur nombre de points et, bien que la théorie quantique des champs ait prouvé son efficacité, l'interaction forte ne semblait pas se prêter au projet de «grande unification». Par chance, celui-ci emprunta des voies détournées: il devait, semble-t-il, passer par l'interaction faible...

DE NOUVELLES COMBINAISONS

Les théories de jauge permirent une meilleure compréhension de l'interaction faible, mais de façon très indirecte. En 1956, soit deux années après qu'il eut publié avec Robert Mills leur travail sur la symétrie, Chen Ning Yang et son collègue Tsung Dao Lee remarquèrent une étrange brisure de symétrie en étudiant l'effet de l'interaction faible sur une particule appelée kaon *(pages 44-45)*. Cette brisure conduisit trois autres physiciens à découvrir un lien entre les forces fondamentales.

Le premier qui effectua cette percée conceptuelle fut Seldon Glashow. À la fin des années cinquante, alors qu'il était étudiant à l'Institut Niels Bohr de physique théorique, à Copenhague, il utilisa le principe de jauge — qui conserve les symétries — pour avancer une théorie unifiée de l'électromagnétisme et de l'interaction faible. Reprenant la distinction entre les particules de matière, ou fermions, et les particules médiatrices des forces, ou bosons, Glashow prédit l'existence de trois bosons pour l'interaction faible, analogues aux photons de l'électromagnétisme. Deux d'entre eux, nommés W^+ et W^-, étaient chargés, ce qui expliquait que les désintégrations bêta s'accompagnaient d'une émission qui était tantôt de charge positive, tantôt de charge négative; le troisième, appelé Z^0, était neutre.

Cette audacieuse tentative d'unification de Glashow — qui se révéla finalement exacte — présentait une faille : sans la renormalisation, ses équations produisaient des valeurs infinies ; or cette renormalisation ne peut s'appliquer qu'à des bosons de masse nulle, comme le photon, ce que contredisaient toutes les données expérimentales : des conversions complexes entre masse et énergie indiquaient que les médiateurs de l'interaction faible devaient être très massifs, environ cent fois plus que les protons.

TROIS GRANDES FORCES UNIFIÉES

Ce dilemme fut résolu non sans difficulté grâce aux travaux du Pakistanais Abdus Salam et d'un camarade d'université de Glashow, Steven Weinberg ; tous deux, conjointement avec Glashow, partagèrent le prix Nobel pour leur unification des interactions électromagnétique et faible en une théorie unique, appelée électrofaible. Le point d'achoppement dans l'édification de cette théorie avait été le problème de brisure de symétrie. S'appuyant sur des travaux développés principalement par Jeffrey Goldstone, de Cambridge, et Peter Higgs, de l'université d'Édimbourg, Salam et Weinberg montrèrent que les photons et les bosons de l'interaction faible pouvaient être considérés comme les manifestations de ce qui, à la naissance de l'univers, avait été une force fondamentale unique, et qu'ils étaient devenus distincts à la suite de la brisure d'une symétrie qui existait à l'origine : c'est à cause d'elle que les bosons avaient acquis une masse.

La renormalisation de la théorie électrofaible resta problématique jusqu'en 1971, date à laquelle le physicien hollandais Gerard't Hooft mit au point une technique mathématique ingénieuse qui permit l'élimination définitive de toutes les valeurs infinies. Douze ans plus tard, les expériences menées dans les accélérateurs de particules allaient confirmer l'existence des bosons W et Z, dont les masses sont effectivement de l'ordre de cent fois celle du proton.

L'étape suivante apparaissait clairement. En dépit des grandes différences observées, les trois forces fondamentales décrites par la théorie quantique des champs avaient dû être identiques à l'origine. Le travail consista donc, au début des années 1970, à réunir les interactions forte et électrofaible au sein d'une même théorie dite «de grande unification» (*Grand Unification Theory*, en anglais, couramment abrégée en GUT). En 1974, Glashow et son collègue de Harvard, Howard Georgi, annoncèrent qu'ils avaient construit une GUT dans laquelle les gluons ne pouvaient être distingués des

En 1979, Sheldon Glashow *(ci-contre)*, Abdus Salam *(à l'extrême-droite)* et Steven Weinberg *(ci-dessous)* se partagèrent le prix Nobel pour avoir mis au point une théorie unifiant les forces électromagnétique et faible. Le travail initial de Glashow, à la fin des années 1950, prédisait une masse nulle pour les particules médiatrices de la force électrofaible, alors qu'on les savait massives. En 1967, Salam et Weinberg montrèrent que, peu après le «big bang», une brisure de symétrie leur avait permis d'acquérir de la masse.

photons et des bosons électrofaibles; quant aux électrons, qui ne subissent pas l'effet de l'interaction forte, ils se confondaient avec les quarks qui, eux, subissent son action. Dans ses détails, cette théorie était un mélange complexe de théorie quantique des champs et de théories de jauge, mais la révélation essentielle était qu'à des énergies extrêmement élevées, les diverses forces et interactions devenaient interchangeables.

Les cosmologistes furent surexcités à cette idée. La nouvelle GUT semblait concorder avec la théorie du «big bang», la gigantesque explosion primordiale qui aurait donné naissance à l'univers — à la matière, à l'énergie, au temps et à l'espace — il y a quelque quinze à vingt milliards d'années. Une infinitésimale fraction de seconde après l'explosion, l'énergie dégagée était telle que seule une grande force unifiée était à l'œuvre. Quelques autres fractions de seconde plus tard, le refroidissement de notre univers en expansion avait brisé cette unité, et les interactions forte et électrofaible auraient alors commencé à agir différemment sur les particules. Puis, de façon similaire, l'électromagnétisme et l'interaction faible seraient devenus distincts, ce qui acheva de briser l'unité originelle.

De prime abord, il semblait peu probable qu'on puisse un jour tester cette théorie, car aucun accélérateur de particules ne sera jamais capable de reproduire la température qui aurait régné durant les premiers instants de l'univers, soit mille milliards de degrés. Cependant, la théorie de Georgi et Glashow impliquait une étrange conséquence, susceptible d'être testée : les protons, que l'on avait crus jusqu'à présent quasi éternels, devaient finalement se désintégrer.

Les chercheurs réalisèrent bientôt des expériences en vue de détecter un tel événement, extrêmement rare. À l'heure actuelle, aucune désintégration de proton n'a encore été observée, mais cela n'entame pas la confiance des théoriciens, pour qui l'unification de trois des interactions fondamentales — forte, faible et électromagnétique — ne fait pratiquement plus de doute.

LA PIÈCE MANQUANTE

En dépit de leur nom ambitieux, les théories de grande unification restent incomplètes : elles ignorent totalement la gravitation, et ce depuis le début du XXe siècle. Après avoir construit sa théorie de la relativité, Einstein chercha en vain pendant des années le lien pouvant unifier l'électromagnétisme et la gravitation. Plus tard, à la lumière de la théorie quantique des champs, des chercheurs déclarèrent que le champ gravitationnel devait lui aussi être associé à une particule quantique, à laquelle ils donnèrent même un nom : le graviton. Cependant, tout l'arsenal mathématique déployé par les théoriciens n'a pas suffi jusqu'à présent pour bâtir une théorie quantique de la gravitation qui soit satisfaisante. Dans un sens, l'unification est dans une impasse. Pour parvenir à édifier une théorie vraiment complète, les physiciens devront probablement reconsidérer toutes les forces sous un éclairage nouveau, fondamentalement différent.

L'ORIGINE DE LA MATIÈRE

Savoir comment l'univers est né, comprendre pourquoi la matière est parvenue à subsister plus d'une infime fraction de seconde restent des questions énigmatiques. On sait depuis longtemps que tous les constituants élémentaires de la matière ont des contreparties d'antimatière, des particules de même masse mais de charge opposée. Quand les conditions très énergétiques de l'univers primordial sont simulées dans les accélérateurs, particules et antiparticules apparaissent simultanément en quantités égales — cette création étant en accord avec la loi d'Einstein sur l'équivalence entre la matière (ou l'antimatière) et l'énergie. Les paires de particules opposées sont par nature autodestructrices: le contact entre une particule et son antiparticule provoque leur annihilation instantanée et libère de l'énergie. Or le «big bang» a dévié de ce scénario. En effet, si dans la forge du cosmos primitif particules et antiparticules avaient été créées en proportions rigoureusement identiques, rien de ce qui a permis aux étoiles, aux planètes et autres astres de se former n'aurait subsisté.

La clé de l'énigme réside peut-être dans le fait que l'une des quatre forces fondamentales de la nature — l'interaction nucléaire faible, qui régit certaines formes de désintégration — s'exerce de façon différente sur la matière et l'antimatière. Plus précisément, c'est le comportement étrange des particules représentées à droite, soumises aux règles de la mécanique quantique, qui est en cause. Les pages qui suivent expliquent comment l'exploration de ce comportement n'a pas été de tout repos, les scientifiques ayant dû abandonner en route maintes idées reçues. Aujourd'hui encore, ils ne s'expliquent pas complètement pourquoi le cosmos est un immense réservoir de matière, et non un vaste espace vide.

N'opérant qu'à très courte distance, l'interaction faible agit sur deux familles de particules : les leptons *(ci-contre)* et les quarks *(à l'extrême droite).* Le lepton générique montré ici *(en haut)* représente les membres de sa famille tels qu'ils existaient dans les premiers instants de l'univers. Cette famille comprend les électrons, les muons et leurs contreparties d'antimatière, ainsi que des variétés associées de neutrinos et d'antineutrinos qui, par souci de simplication, sont représentés ici par un type unique.

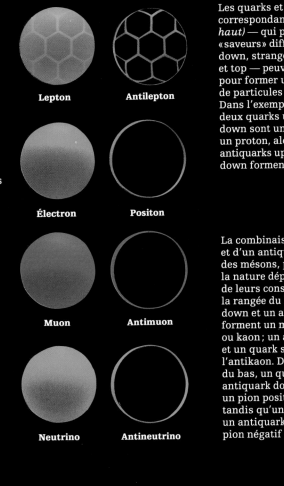

Lepton   **Antilepton**

Électron   **Positon**

Muon   **Antimuon**

Neutrino   **Antineutrino**

Les quarks et les antiquarks correspondants *(ci-contre, en haut)* — qui présentent six «saveurs» différentes, dites up, down, strange, charm, bottom et top — peuvent s'associer pour former un grand nombre de particules composites. Dans l'exemple ci-contre, deux quarks up et un quark down sont unis pour former un proton, alors que deux antiquarks up et un antiquark down forment un antiproton.

La combinaison d'un quark et d'un antiquark produit des mésons, particules dont la nature dépend de l'identité de leurs constituants. Dans la rangée du haut, un quark down et un antiquark strange forment un méson K neutre ou kaon ; un antiquark down et un quark strange donnent l'antikaon. Dans la rangée du bas, un quark up et un antiquark down produisent un pion positif (méson pi), tandis qu'un quark down et un antiquark up forment un pion négatif ou antipion.

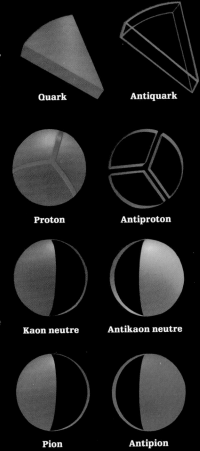

Quark   **Antiquark**

Proton   **Antiproton**

Kaon neutre   **Antikaon neutre**

Pion   **Antipion**

Quatre sortes de particules médiatrices *(ci-contre, à droite)* véhiculent toutes les interactions entre les autres particules. Chacune est associée à l'une des quatre forces fondamentales. Le boson vectoriel intermédiaire est l'agent de l'interaction faible ; le graviton est celui des interactions gravitationnelles ; le photon transmet l'électromagnétisme ; le gluon, enfin, est le médiateur de l'interaction forte qui lie les quarks entre eux ainsi que les protons aux neutrons.

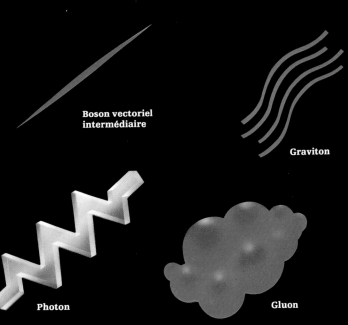

Boson vectoriel intermédiaire

Graviton

Photon

Gluon

La fantastique énergie libérée par l'explosion originelle engendra le boson X de Higgs *(montré ci-dessous avec son antiparticule),* particule très massive et de très courte durée de vie dont la désinté-gration rapide produisit des quarks et des leptons.

Boson X de Higgs   **Antiboson X de Higgs**

QUESTIONS DE SYMÉTRIE

Pour décrire les propriétés les plus profondes de la nature, les physiciens font appel à la notion de symétrie, un mot dérivé du grec signifiant «même proportion». Dans notre monde quotidien, une sphère est un exemple parfait de symétrie: son aspect est identique quel que soit l'angle sous lequel on l'observe. De façon similaire, des mécanismes fondamentaux de l'univers tels que la gravitation ou l'électromagnétisme sont indépendants des systèmes de référence: ils œuvrent de la même façon en tout lieu, en tout temps et en toute direction. Ce fait a des conséquences importantes. Les lois de conservation qui régissent les interactions physiques — stipulant par exemple que l'énergie, le moment linéaire et le moment angulaire sont invariants au cours du mouvement — se traduisent par l'existence de symétries naturelles.

Un type important de symétrie est la parité. En termes simples, la parité signifie que si un certain événement est possible, le même événement vu dans un miroir — c'est-à-dire par inversion de la gauche et de la droite — est également possible. Depuis les années 1930, les scientifiques savent que l'action de la gravitation, de l'électromagnétisme et de l'interaction nucléaire forte ne différencie pas la droite et la gauche. Ils supposaient donc qu'il en allait de même pour la moins familière des quatre forces fondamentales, l'interaction faible, qui gouverne la désintégration des particules. Selon eux, par exemple, la désintégration du muon devait se dérouler de la manière illustrée ci-contre. Or ce n'était qu'une hypothèse, certes logique et rassurante, mais non prouvée.

Une propriété importante des particules fondamentales est leur spin — équivalant au mouvement de rotation autour d'un axe. Les quarks, les électrons, les neutrinos et plusieurs autres particules sont dites gauches ou droites selon l'orientation relative de leur spin et la direction de leur moment linéaire. (Dans cette convention, le pouce de la main est aligné avec la direction du déplacement et les doigts avec la direction du spin.) Ci-contre, un muon *(en bleu)* se désintègre en un neutrino *(petite boule vert brillant)*, un antineutrino *(anneau vert)* et un électron gauche *(vert sombre)*. À l'extrême droite, un muon donne un électron droit. Si la désintégration du muon obéissait à la parité, elle produirait des électrons gauches et droits en quantités égales *(illustration de fond)*.

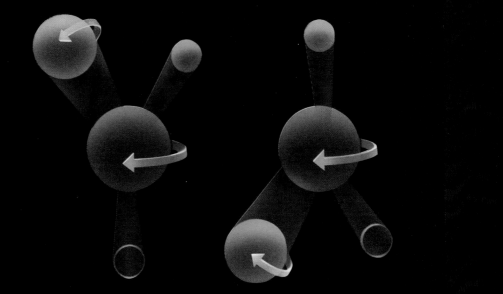

Rupture de parité

En 1956, Tsung Dao Lee, de l'université Columbia, e
Chen Ning Yang, de l'Institute for Advanced Study à
Princeton, unirent leurs talents pour étudier une pair
étrange de particules fondamentales, les mésons tau
et thêta. Ces particules paraissaient jumelles sou:
tous rapports sauf un : leur mode de désintégration
Lee et Yang méditèrent sur les processus de mécani
que quantique mis en jeu et avancèrent une hypothès
hardie : les particules étaient en fait identiques, mai:
leur mode de désintégration différait parce que la lo
de symétrie de parité était violée par l'interaction fai
ble. On savait en effet que la gravitation, l'électroma
gnétisme et l'interaction nucléaire forte obéissent à la
parité, mais la force nucléaire faible n'avait jamais été
testée. Les chercheurs réclamèrent alors «une expé
rience pour déterminer si les interactions faibles diffé
renciaient la droite et la gauche».

Un groupe dirigé par Chien-Shiung Wu, de l'univer
sité Columbia, et Ernest Ambler, du National Bureau
of Standards, entreprit une expérience délicate qui se
déroula pendant six mois. Elle consistait à refroidir
des atomes de cobalt radioactif à une tempéra
ture proche du zéro absolu, à aligner leur spin
nucléaire à l'aide d'un champ magnétique
et à enregistrer les éclairs produits lorsque
les électrons libérés par la désintégration
des neutrons — processus radioactif appelé
désintégration bêta — frappaient des cris
taux détecteurs. Les résultats étaient sans équi
voque : pratiquement tous les électrons étaient
émis dans la direction typique de la variété gau
che. On savait qu'il en allait de même avec les élec
trons émis par la désintégration des muons : contraire
ment à ce qu'on attendait, celle-ci n'engendrait pas
des électrons gauches et droits en nombres égaux
(pages 40-41), mais presque toujours la variété gauche,
comme illustré ci-contre.

Ainsi, parmi les quatre forces de base, seule l'inter
action faible faisait la distinction entre la gauche et la
droite. Les physiciens se demandèrent bientôt si cette
distinction était reliée à une autre asymétrie observée
dans la nature : la troublante inégalité entre matière
et antimatière.

LA SYMÉTRIE RESTAURÉE

La découverte que l'interaction faible ne respectait pas la parité secoua le monde de la physique et valut le prix Nobel à Lee et Yang. Un autre lauréat du Nobel, I. I. Rabi, exprima l'opinion générale: «En un certain sens, un édifice théorique complet a été démoli et nous ne sommes pas sûrs de savoir remettre les morceaux en place.»

Les physiciens cherchèrent alors un moyen de restaurer la solidité de leur discipline. Lee, Yang et d'autres chercheurs avancèrent bientôt une idée mettant en jeu la combinaison de deux symétries: l'une était la parité, l'autre une symétrie de nature très différente stipulant que la matière et l'antimatière devaient répondre de façon identique à la gravitation, l'électromagnétisme et l'interaction forte. Cette dernière symétrie, prise isolément, avait été brisée en même temps que la parité par l'interaction faible. Mais les physiciens réalisèrent que les deux symétries se compensaient mutuellement: si, dans une interaction faible, les particules étaient remplacées par leurs antiparticules, alors l'orientation droite ou gauche de leur spin et de leur moment linéaire — en d'autres termes, leur parité — œuvrait en sens contraire. Dans le schéma ci-contre, par exemple, la désintégration d'antimuons *(anneaux bleus)* produit des positons *(anneaux verts)*, antiparticules des électrons qui sont presque toutes de type droit. L'asymétrie gauche de la désintégration du muon est en effet parfaitement compensée par l'asymétrie droite de la désintégration de l'antimuon. Une fois de plus, la nature devenait ordonnée sous l'action d'une symétrie duale de l'interaction faible, ne distinguant pas la gauche et la droite.

Ce résultat fut accueilli avec soulagement, mais laissa les physiciens perplexes quant au vieux problème d'expliquer pourquoi l'univers est seulement fait de matière. Si la symétrie duale restaurait l'égalité de la droite et de la gauche, comment un tel déséquilibre avait-il pu se produire dans le cosmos?

Un nouveau défaut dans le miroir

Au cours des années qui suivirent la découverte de la symétrie duale, les paris restèrent ouverts. Un nouveau déclic se produisit en 1964 : James Cronin et Val Fitch, de Princeton, examinèrent de près la désintégration d'une particule subatomique appelée kaon neutre — parfait exemple de l'étrangeté du monde quantique au regard du monde quotidien.

Pour commencer, il existe en réalité deux kaons neutres, qui peuvent être désignés par K^0 (K zéro) et son antiparticule $\bar{K}^0$ (K zéro barre), ou en termes des composantes K_1 et K_2. Comme K_1 est obtenue par addition des caractéristiques quantiques de K^0 et de $\bar{K}^0$, elle est « paire », selon les règles de la mécanique quantique ; K_2, elle, est formée en soustrayant les caractéristiques de $\bar{K}^0$ à celles de K^0, ce qui la rend « impaire ». Puisque K_1 est paire, elle peut — entre autres — se désintégrer en deux mésons pi, ou pions ; comme K_2 est « impaire », elle peut se désintégrer en trois pions ou en d'autres ensembles de particules. Or, dans leurs expériences, Cronin et Fitch observèrent que, sur mille désintégrations, par deux fois K_2 s'était désintégrée en deux pions au lieu des trois habituels — une anomalie infime mais irréfutable. K_2 étant impaire, ils en conclurent qu'elle avait dû produire une troisième particule, qu'ils baptisèrent K long *(encadré)*.

Les investigations ultérieures de Cronin, Fitch et d'autres équipes prouvèrent que la particule K long avait une préférence pour la désintégration en positons plutôt qu'en électrons, preuve directe que la symétrie était brisée. Quelques années plus tard, Fitch déclara : « Cette découverte n'était ni attendue ni souhaitée, de sorte que les recherches se dirigèrent immédiatement vers un chemin apte à la contourner. »

Mais aucune échappatoire ne fut trouvée. La préférence du kaon neutre pour le positon est manifeste et constitue jusqu'à présent le seul défaut de la symétrie combinant parité et inversion particule-antiparticule. Une fois de plus, l'univers se révèle partial dans les interactions entre particules élémentaires, partialité qui peut remonter aux conditions incroyablement énergétiques du « big bang ».

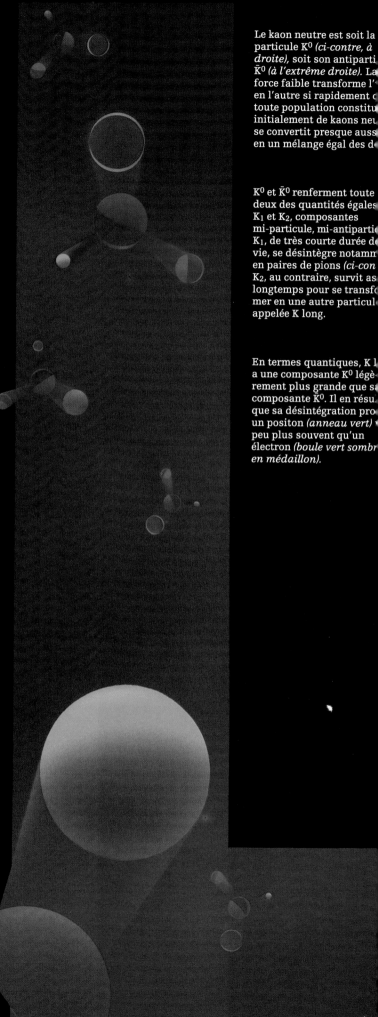

Le kaon neutre est soit la particule K^0 *(ci-contre, à droite)*, soit son antiparti $\bar{K}^0$ *(à l'extrême droite)*. La force faible transforme l'en l'autre si rapidement que toute population constitu initialement de kaons neu se convertit presque auss en un mélange égal des d

K^0 et $\bar{K}^0$ renferment toute deux des quantités égales K_1 et K_2, composantes mi-particule, mi-antiparti K_1, de très courte durée de vie, se désintègre notamm en paires de pions *(ci-con* K_2, au contraire, survit as longtemps pour se transfo mer en une autre particul appelée K long.

En termes quantiques, K l a une composante K^0 légè rement plus grande que sa composante $\bar{K}^0$. Il en résu que sa désintégration pro un positon *(anneau vert)* peu plus souvent qu'un électron *(boule vert sombr en médaillon).*

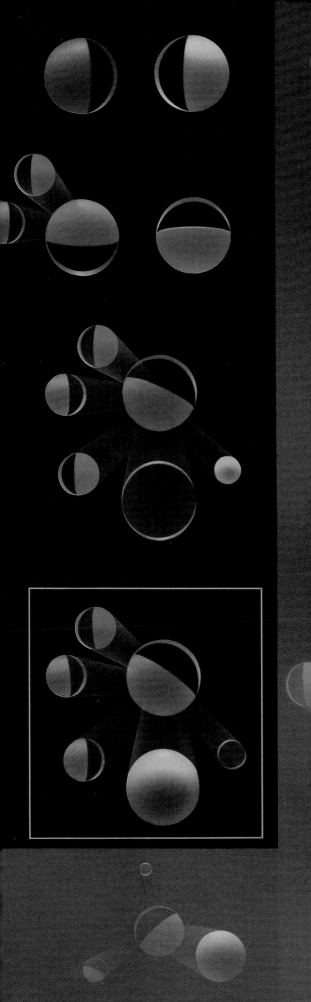

Victoire de la matière

Il se peut que l'asymétrie découverte dans la désinté-gration du kaon soit la clé du déséquilibre entre la matière et l'antimatière à la naissance de l'univers, mais le mécanisme de ce «favoritisme» reste obscur. Il implique non seulement une exception aux règles habi-tuelles de symétrie, mais aussi la non-conservation de deux quantités appelées nombres quarkique et leptoni-que, définis comme étant, dans un ensemble de parti-cules, la différence entre la quantité de quarks et d'antiquarks, et la quantité de leptons et d'antilep-tons. Les physiciens pensent qu'au tout début ces nom-bres étaient nuls, autrement dit que les particules et antiparticules étaient en proportions égales. (On n'a d'ailleurs jamais observé une seule interaction qui ait changé ces proportions.) Or l'existence d'un univers de matière indique que la conservation de ces nombres a été violée à un moment ou un autre.

Peut-être cette responsabilité incombe-t-elle à des particules supermassives appelées bosons X de Higgs — d'après le physicien britannique Peter Higgs — qui n'auraient pu subsister que dans un état d'énergie du cosmos primitif fantastiquement élevé. Ces bosons X auraient en quelque sorte servi de «pont», permettant de transformer une partie de l'énergie en masse.

Environ 10^{-33} seconde après le «big bang», quand la température était de 10^{26} degrés, les forces fonda-mentales n'étaient déjà plus unifiées et étaient véhi-culées par des particules différenciées — les photons, les gluons, les gravitons et les bosons vectoriels inter-médiaires *(ci-contre)*. La théorie quantique suggère que, tout comme le kaon neutre, les bosons de Higgs *(X verts)* montrèrent une très légère asymétrie dans leur désintégration en quarks, antiquarks, leptons et antileptons. Mais, du fait de leur abondance et de leur masse élevée, ce déséquilibre infime aurait pu avoir d'énormes conséquences: pour chaque milliard d'annihilations, un excès d'à peine un quark ou un lepton produirait au final un énorme déséquilibre entre la matière et l'antimatière, qui ren-drait compte des milliards de galaxies observées aujourd'hui dans l'univers...

Selon la mécanique quantique, le boson X de Higgs et son antiparticule — encore hypothétiques — peuvent se désintégrer de quatre façons : le boson X peut produire deux quarks ou un antiquark et un antilepton ; l'antiboson X peut produire deux antiquarks ou un quark et un lepton. Les taux de désintégration des bosons et des antibosons X doivent être égaux, mais les réactions favorisant les quarks et les leptons pourraient prévaloir.

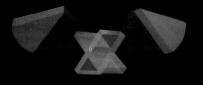

La période pendant laquelle les bosons X de Higgs et leurs antiparticules apparurent en quantités égales est appelée ère d'inflation. Selon la théorie, des effets quantiques étranges firent œuvrer la gravitation à l'envers — elle repoussait la matière au lieu de l'attirer — de sorte que le volume de l'univers gonfla plus d'un million de milliards de milliards de fois. 10^{-33} seconde après le «big bang», cette phase de dilatation explosive s'acheva, l'univers tomba dans un état de basse énergie et la production des bosons et antibosons X chuta de façon radicale. Au cours du millionième de seconde suivant, leur désintégration légèrement déséquilibrée dota l'univers d'un surplus de quarks *(pages 46-47)*.

La nature évolua ensuite de façon à équilibrer au mieux la balance. Dans le chaudron cosmique, les quarks et les antiquarks s'unirent pour former des protons, des antiprotons, des neutrons et des antineutrons. Mais, aussitôt créées, les nouvelles particules s'annihilèrent mutuellement en produisant de l'énergie. Une minute après le «big bang», ce processus de destruction avait éliminé toute l'antimatière de l'univers. Seule une minuscule fraction des quarks et des leptons issus des bosons X de Higgs survécut: ceux — un sur un milliard — résultant de leur désintégration asymétrique. En conséquence, la matière (des miettes infimes au regard de ce qui précédait) s'installa pour toujours. Ce qui fut détruit a disparu à jamais, mais a laissé des traces sous la forme du rayonnement de fond cosmologique — faible écho électromagnétique de l'ère des annihilations.

Les triplets de quarks et antiquarks issus de la désintégration du boson de Higgs et de l'antiboson s'unissent en protons et en antiprotons grâce aux gluons *(à droite, en bleu)*, médiateurs de l'interaction forte. Huit types différents de gluons sont nécessaires pour former les divers combinaisons de quarks.

La rencontre d'un proton et d'un antiproton provoque leur destruction mutuelle et l'émission de deux photons de haute énergie. Après que cette annihilation eut supprimé de l'univers la plupart de la matière et la totalité de l'antimatière, les milliards d'années d'expansion cosmique ont affaibli l'énergie relique, étirant ses longueurs d'onde du domaine gamma au domaine radio.

Une théorie qui unifie les quatre forces fondamentales de la nature doit s'appliquer non seulement au monde cosmique — représenté ici par les galaxies de l'amas Klemola 44 *(au centre),* liées gravitationnellement sur des millions d'années-lumière — mais au monde subatomique, symbolisé par le jet de particules produit lors de la collision à haute énergie de deux protons *(en médaillon).*

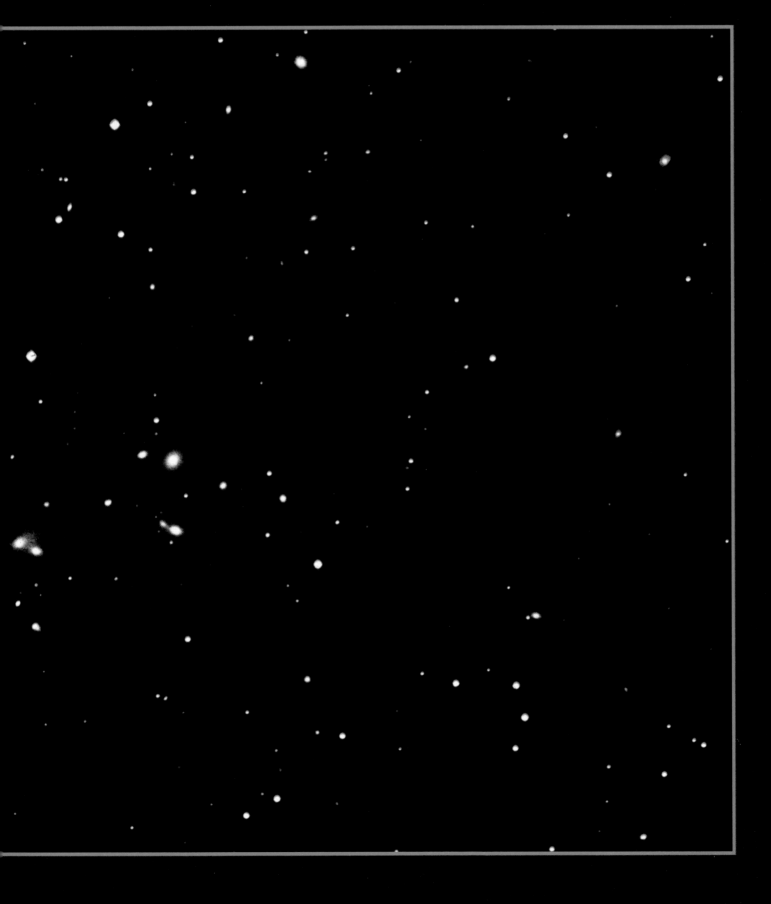

n dit souvent aux États-Unis: «Regardez le beignet, pas le trou» (dans ce pays, les beignets — *doughnuts* — ont traditionnellement la forme d'un anneau). Une maxime semblable a guidé plusieurs générations de scientifiques désireux d'établir une théorie englobant toute la physique, qui révélerait l'unité cachée derrière la diversité de la nature. De Newton aux physiciens travaillant sur les théories, dites de «grande unification», des années 1970, tous ont centré leur intérêt sur la matière et les forces agissant sur elle, considérant que l'espace n'était guère plus que l'arène où se jouait une pièce de théâtre. Mais, depuis les années 1980, quelques chercheurs ont eu l'idée de renverser la maxime: peut-être pourrait-on mieux comprendre l'univers en se concentrant non pas sur le «beignet» — la matière — mais sur le «trou» que constitue l'espace apparemment vide.

Selon cette conception récente, l'existence et le comportement de la matière dans l'univers seraient intimement liés aux propriétés de l'espace, un peu de la même manière que ce genre de beignet est défini par l'existence d'un trou en son centre.

L'idée que l'espace n'est pas inerte, qu'il peut avoir des propriétés en soi, remonte aux premières années de notre siècle et aux travaux de quelques-uns des plus célèbres physiciens. La théorie de la relativité restreinte, publiée en 1905, introduisit l'idée que l'espace est une structure à quatre dimensions — trois spatiales et une temporelle; dans ce continuum espace-temps, la localisation d'un objet nécessite donc de spécifier non seulement sa position mais également l'instant auquel on le considère. Einstein passa les dix années suivantes à élargir sa théorie pour y intégrer la gravitation.

Il montra que les effets d'accélération ne peuvent être distingués de ceux de la gravitation. Il étendit ainsi la relativité jusqu'aux champs gravitationnels et à la structure globale de l'espace, qui prit de la sorte un caractère tangible. La théorie de la relativité générale, qu'il acheva en 1915, est une réinterprétation profonde des lois de la gravitation universelle de Newton: elle stipule que celle-ci est due aux déformations que les objets massifs produisent dans la structure de l'espace-temps. Ainsi, par exemple, la trajectoire d'une balle lancée horizontalement, qui s'infléchit vers la Terre sous l'effet de la pesanteur, ne doit pas être considérée comme une déviation par rapport à une trajectoire rectiligne dans l'espace, mais plutôt comme le plus court chemin possible le long d'une surface spatiale incurvée.

La notion d'espace fut encore plus curieusement transformée par la théorie quantique, l'autre grand pilier de la physique moderne. Max Planck émit l'hypothèse, en 1899, que l'énergie ne peut être émise ou absorbée que de façon discrète, c'est-à-dire discontinue, par quantités finies ou quanta. Cela permit de déterminer une valeur fondamentale, le quantum d'action ou constante de Planck, définie comme le rapport entre l'énergie d'un photon et sa fréquence. La combinaison de cette constante avec la vitesse de la lumière et la constante de gravitation permet d'obtenir des unités de mesure fondamentales de la distance et du temps. Les scientifiques ont ainsi adopté comme étalon l'unité de longueur de Planck, voisine de 10^{-33} cm, mille milliards de milliards de fois plus petite que le diamètre d'un noyau atomique. Si la structure de l'espace à cette échelle était observable, elle présenterait un aspect surprenant; contrairement à la vision relativiste — qui suggère un espace-temps lisse et continu comme la surface d'un océan vue d'avion — elle révélerait des clapotis, des vagues ou des bouillonnements, comme la surface d'une mer agitée vue depuis le pont d'un navire.

Le problème central de la physique moderne est de concilier la perspective cosmique de la relativité avec celle, subatomique, de la mécanique quantique. Du point de vue mathématique, la relativité générale décrit parfaitement la manière dont la gravitation courbe l'espace, mais la physique quantique est impuissante à décrire comment elle agit à son échelle. Une théorie unique, rendant compte de l'ensemble des phénomènes, devra quantifier la gravitation, c'est-à-dire décrire les forces gravitationnelles en termes d'interactions entre particules, ainsi que cela a été fait pour les interactions électromagnétique et nucléaires forte et faible.

La recherche d'une théorie aussi globale a conduit les physiciens vers d'étranges spéculations — vers l'idée qu'il pourrait y avoir plus de quatre dimensions, par exemple, ou que d'autres univers pourraient exister. Au cours des années 1980, une théorie nouvelle s'est révélée prometteuse et certains n'ont pas hésité à déclarer que l'unification complète allait bientôt être réalisée. Cette théorie, dite des supercordes, émet l'hypothèse que les constituants fondamentaux de la nature ne sont pas des particules, mais des structures unidimensionnelles appelées «cordes», dont les propriétés mathématiques reflètent les caractéristiques de l'univers. Certains estiment qu'elle représente le progrès le plus important en physique depuis les théories de Planck et d'Einstein. Pour d'autres, il s'agit seulement d'une étape de plus dans le long cheminement vers une compréhension satisfaisante.

À PROPOS DE LA CINQUIÈME DIMENSION...

Dès son introduction en 1915, la théorie de la relativité générale d'Einstein provoqua une grande effervescence parmi les scientifiques. Les uns commencèrent à en tester les formules et les équations tandis que d'autres se consacraient à l'examen de leurs conséquences possibles. Les cosmologistes furent à cet égard particulièrement gâtés : elle leur fournissait un point de vue nouveau pour étudier l'influence à grande échelle de la gravitation sur la forme et l'évolution de l'univers. Mais cette approche était fondamentalement différente de celle utilisée pour l'étude de l'électromagnétisme, la seconde grande force alors connue, et le fait que les physiciens soient entraînés dans des directions si divergentes était peu favorable aux tentatives d'unification.

Cependant, en 1919, un travail mathématique avait suggéré qu'il était possible de concilier les points de vue. Theodor Kaluza, alors assistant non rétribué à l'université de Königsberg, s'était amusé à manipuler les formules de la relativité générale. Par pure curiosité, il s'était demandé à quoi ressembleraient les équations dans un univers à cinq dimensions au lieu de quatre. Cet exercice fit apparaître un nouvel ensemble d'équations qui se révélèrent identiques à celles de James Clerk Maxwell concernant l'électromagnétisme. Ainsi, en supposant l'existence d'une dimension supplémentaire, Kaluza avait trouvé le moyen d'unifier la gravitation et l'électromagnétisme. Mais cette cinquième dimension était purement spéculative: rien ne la rattachait au monde réel. Si elle existait vraiment, où était-elle et pourquoi ne l'avait-on jamais mise en évidence?

Sept ans plus tard, le physicien suédois Oskar Klein proposa une explication plausible. Il suggéra que la dimension supplémentaire pouvait être d'une extension spatiale si minuscule qu'elle était indiscernable, même à l'échelle quantique. Il prit l'exemple d'un tube extrêmement fin qui, vu de loin, semble être une ligne: ce que l'on croit alors être un point de la ligne est en réalité un cercle minuscule. De même, chaque point de l'espace pourrait bien être entouré d'un cercle de dimension inobservable...

Il se peut que les travaux de Kaluza et Klein finissent par jouer un rôle

Le mathématicien allemand Theodor Kaluza *(à l'extrême gauche)* fut le premier à suggérer l'existence de dimensions supplémentaires ; en 1919, il relia la relativité et l'électromagnétisme en ajoutant une cinquième dimension aux quatre de l'espace-temps einsteinien. En 1926, le physicien suédois Oskar Klein *(ci-contre)* fit le lien avec la théorie quantique en suggérant que cette cinquième dimension pouvait être tellement repliée sur elle-même qu'elle devenait indiscernable dans l'espace-temps habituel.

dans les tentatives d'unification. Actuellement, toutes les représentations de champs de force ou d'architecture spatiale faisant intervenir plus de quatre dimensions sont regroupées sous le nom de théories de Kaluza-Klein.

À l'époque cependant, leurs résultats ne suscitèrent qu'un intérêt très limité : les physiciens des années 1920 étaient trop occupés par les développements de la toute nouvelle physique quantique, qui racontait, elle aussi, de bien étranges histoires...

BIZARRERIES QUANTIQUES À L'ÉCHELLE SPATIALE

En 1927, un an après la suggestion émise par Klein à propos de la cinquième dimension, Werner Heisenberg avait mis en lumière la particularité du monde quantique en énonçant le principe d'incertitude ; celui-ci dit qu'il est impossible de connaître à la fois où se trouve une particule et comment elle se déplace, car le fait même de l'observer perturbe son mouvement. Un électron, par exemple, peut être décrit soit comme une onde — un quantum d'énergie se déplaçant dans un volume d'espace indéterminé — soit comme une particule bien localisée, mais de vitesse et de direction indéterminées : plus la mesure de sa position sera précise, plus l'incertitude concernant son comportement sera grande, et inversement.

Le paradoxe central du principe d'incertitude réside dans le fait que le sens commun ne peut nous guider dans le monde subatomique. Erwin Schrödinger, l'un des nombreux physiciens qui participèrent au développement de la physique quantique, l'illustra à l'aide d'une célèbre «expérience de pensée». Un chat est déposé à l'intérieur d'une boîte fermée et opaque, contenant une substance radioactive. On a placé près de lui un compteur Geiger, un récipient de gaz cyanogène et un dispositif tel que le récipient se brise dès que le compteur a enregistré la désintégration d'une particule radioactive. Selon les règles d'incertitude existant au niveau atomique, il est impossible de prévoir si une particule va ou non se désintégrer au cours d'un laps de temps donné : on peut seulement en calculer la probabilité. Ainsi, tant qu'une mesure n'est pas faite, l'état de la particule reste non seulement inconnu, mais réellement indéterminé. Le malheureux chat de Schrödinger n'est donc ni vivant ni mort tant que quelqu'un n'a pas ouvert la boîte pour s'en assurer ! Dans notre monde familier, bien entendu, un chat doit être vivant ou mort, même quand personne ne l'observe, mais, à l'échelle subatomique, il n'en est rien. Il semble donc qu'on ne puisse imaginer et comprendre le monde quantique par référence à notre monde quotidien.

Une telle perspective rend donc plausibles toutes sortes d'interprétations — contraires à l'intuition — non seulement sur le comportement des particules, mais aussi sur la nature même de l'espace. Ainsi, par exemple, les équations proposées par Paul Dirac en 1928 pour décrire l'électrodynamique quantique — une théorie de l'interaction des électrons et des photons — faisaient apparaître des états à énergie négative. Comme un des principes de la physique quantique stipule que les particules se placent toujours dans l'état d'énergie le plus bas possible, les équations de Dirac impliquaient que des particules à énergie négative devaient se trouver en abondance dans l'univers. Il vint à bout de ce problème embarrassant en prédisant l'existence d'une antiparticule — l'électron positif, ou positon — prédiction qui fut confirmée quelques années plus tard. Apparemment, il existait donc bien une «antimatière», jusqu'alors insoupçonnée...

Certaines révélations étaient encore plus étonnantes. La théorie de l'électrodynamique quantique indiquait que la force électromagnétique opérait par l'intermédiaire de ce qu'on appela des «photons virtuels», des photons qui apparaissaient et disparaissaient instantanément par fluctuations quantiques — mécanisme central du principe d'incertitude. Cela impliquait qu'il y avait création de quelque chose à partir de rien. Puisque, à l'échelle subatomique, la quantité d'énergie contenue dans un volume d'espace ne peut jamais être connue avec précision, il peut soit ne pas y en avoir du tout, soit y en avoir suffisamment pour qu'une particule de matière apparaisse spontanément. Au-delà du niveau observable, le vide de l'espace est rempli de toutes sortes de particules virtuelles, qui surgissent fugitivement en paires matière-antimatière, mais n'existent que pendant des durées si courtes qu'il est impossible de les détecter. On peut aussi penser que ces particules virtuelles représentent les probabilités, inhérentes au principe d'incertitude, de comportement des particules réelles.

Les applications à la cosmologie sont particulièrement surprenantes. Un après-midi de 1973, Edward P. Tryon, physicien du collège Hunter, à New York, réfléchissant sur les fluctuations quantiques dans l'espace, se rendit compte qu'elles pouvaient être, en théorie, de n'importe quelle taille et que les plus importantes — celles qui conduisent à la création d'un grand nombre de particules énergétiques — devaient être à peine moins fréquentes que les plus petites qui se produisent constamment. Il se dit alors que si une particule virtuelle, ayant la plus grande énergie imaginable, surgissait ainsi, ce phénomène ne pourrait être distingué du «big bang». Il écrivit un article pour la revue *Nature,* dans lequel il disait que la naissance de l'univers pouvait être due à une fluctuation qui se serait produite dans «le vide d'un espace plus grand que celui dans lequel il était contenu. Si vous me demandez comment c'est arrivé, je répondrai modestement que notre univers fait partie de ces choses qui se produisent de temps en temps».

Cette curieuse conjecture retint l'attention de quelques cosmologistes, mais elle n'apportait guère de nouveau quant à la structure de l'espace lui-même. La physique se trouvait toujours confrontée à un problème lancinant: comment concilier la relativité et la mécanique quantique?

L'APPROCHE TOPOLOGIQUE

Traditionnellement, l'étude du mouvement des objets dans l'espace, ainsi que la façon dont la matière courbe la structure de cet espace, relève de la géométrie — la branche des mathématiques qui s'occupe de points, de lignes, d'angles et de formes telles que cercles, carrés, sphères ou cubes.

Au centre de la géométrie se trouve la notion de mesure des distances.

LE TROU DANS LE «BEIGNET»

Dans leurs essais d'unification des théories de la relativité et de la mécanique quantique, certains physiciens ont étudié de près la topologie — branche de la géométrie qui s'intéresse aux relations entre les formes, plutôt qu'à ces formes elles-mêmes et à leur grandeur.

Comme le montrent les dessins ci-dessous, un cube est topologiquement identique à une sphère parce que tous deux ont des surfaces continues, sans trou: ils peuvent être remodelés en forme de bol sans que celles-ci soient déchirées. Mais une boîte sans fond ni couvercle *(rangée du milieu)* est différente d'un cube car sa surface présente un trou. Elle est donc topologiquement identique à un anneau — un beignet — ou à une tasse avec anse qui ont, eux aussi, un trou. De même, ces objets sont topologiquement distincts de ceux de la rangée du bas, car la surface de ces derniers comporte deux trous. Des topologies encore plus complexes permettraient de décrire les dimensions spatiales supplémentaires requises mathématiquement par certaines théories «de grande unification».

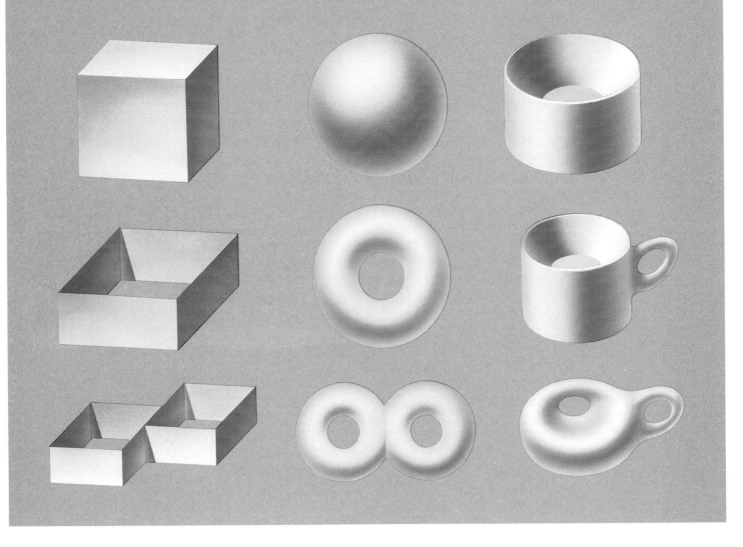

Paradoxalement, l'espace est considéré comme un réseau de points tel que, entre deux quelconques d'entre eux, il y a toujours un nombre infini d'autres points trop proches les uns des autres pour qu'on puisse mesurer la distance qui les sépare. Les études de l'espace nécessitent donc l'utilisation d'un autre outil mathématique, la topologie, pour lequel la notion de distance n'est pas pertinente.

En topologie, en effet, on s'intéresse davantage aux propriétés qualitatives des êtres géométriques qu'à leur forme et leur grandeur : au lieu d'étudier la valeur des angles ou la nature des courbes, on examine les relations entre les surfaces : comment elles peuvent se couper, se contenir les unes les autres ou si elles présentent des discontinuités — autrement dit des trous. Ainsi, du point de vue topologique, le cercle, le carré et le triangle sont indistincts car il est possible de transformer l'un en l'autre par une série de déformations appropriées ; en revanche, l'anneau et la sphère sont fondamentalement différents parce que l'un possède un trou et pas l'autre : la transformation d'une sphère en anneau requiert non seulement une déformation mais aussi une déchirure.

Ignorant la description détaillée des formes, la topologie caractérise l'espace selon d'autres critères. Elle a ainsi offert une nouvelle approche aux chercheurs, ce qui les a conduits à formuler quelques-unes des plus étranges hypothèses de la physique théorique. Des topologies complexes, par exemple, permettent à des surfaces spatiales de se replier sur elles-mêmes et de s'insérer à l'intérieur de minuscules zones, et ces repliements sont tels qu'ils pourraient mettre en contact des régions de l'espace très éloignées les unes des autres. Cette notion a suggéré au physicien John Archibald Wheeler, de Princeton, le concept de «trou de ver» en 1957 : une déchirure dans la structure de l'espace — l'équivalent de la transformation topologique d'une sphère en anneau — qui pourrait ouvrir une sorte de tunnel susceptible de mettre en contact des régions très distantes. Ces trous seraient produits par des fluctuations de l'espace à l'échelle subatomique.

Selon la première théorie des cordes, proposée par Yoichiro Nambu en 1970, les particules élémentaires sont en fait de minuscules cordes vibrant à différents niveaux d'énergie, ce qui explique leur variété — de même que les cordes d'un violon vibrant à différentes fréquences produisent des sons musicaux divers. Sa théorie exigeait toutefois un espace à vingt-six dimensions.

Mais la mise en relation des aspects topologiques, d'une part, et de l'unification de la gravitation et de la physique quantique, d'autre part, ne s'est faite que dans les années 1960, la plupart des chercheurs ayant gardé une approche plus traditionnelle. Quelques autres, cependant, ont adopté une démarche différente, continuant à manipuler des concepts qui faisaient intervenir la topologie. En physique, la plupart des théories se construisent du bas vers le haut — du concret vers l'abstrait — en faisant des observations à partir desquelles sont tirées des conclusions. D'autres, au contraire, s'élaborent du haut vers le bas, en concevant des structures mathématiques et en examinant par la suite si la réalité peut ou non y correspondre. Ces deux tendances, en fait très complémentaires, font l'objet de vives controverses parmi les scientifiques, opposant ceux qui prônent l'expérimentation à ceux qui cherchent la réalité dans le domaine purement mathématique.

LES CORDES DE NAMBU....

Une des premières tentatives d'approche différente remonte à 1968. Alors qu'il consultait des travaux anciens avec un de ses collègues, le physicien italien Gabriele Veneziano (actuellement au CERN, le Centre européen de recherches nucléaires, près de Genève) tomba sur une formule du mathématicien suisse Léonard Euler, qui vivait au XIXe siècle. Veneziano fut surpris de constater que celle-ci semblait apporter une solution à un problème contemporain mettant en jeu les hadrons, la famille des particules associées à l'interaction nucléaire forte.

Incapables encore de décrire en détail les interactions entre hadrons, les physiciens s'attachaient plus à découvrir leurs effets, ainsi que ceux des collisions entre particules, qu'à comprendre leur mécanisme; en d'autres termes, ils s'intéressaient à ce qui rentrait et sortait de la «boîte noire» — le noyau de l'atome — et non à ce qui se passait à l'intérieur.

Pour décrire leurs résultats, ils avaient élaboré un outil ingénieux, la matrice de diffusion ou matrice-S (ainsi nommée car les particules sujettes à ces interactions sont diffusées dans des directions variées). Or Veneziano découvrit qu'il pouvait, à partir de la formule d'Euler, créer un modèle mathématique décrivant certaines relations importantes au sein de la matrice-S et prédisant les résultats des interactions entre particules. Dotée de ce modèle, la matrice-S devenait un outil beaucoup plus intéressant, permettant de mieux comprendre la manière dont s'exerçait l'interaction forte.

Mais le modèle de Veneziano avait un inconvénient: il permettait l'apparition de ce que les physiciens appellent plaisamment des «fantômes» — des événements à probabilité négative, donc dépourvus de sens. (Dirait-on, par exemple, qu'il y a −40 % de chances pour qu'il pleuve?) Le seul moyen de se débarrasser de ces fantômes était de reformuler les équations dans un espace mathématique à vingt-six dimensions!

Pour un mathématicien, les dimensions sont simplement des coordonnées permettant de déterminer une position dans un certain espace. Par exemple, pour localiser un avion dans l'espace-temps ordinaire à quatre dimensions, on a besoin de quatre coordonnées : sa longitude, sa latitude, son altitude et l'instant auquel on le considère. Dans certaines branches des mathématiques, telles que la topologie, des dimensions supplémentaires peuvent être spécifiées pour accroître la précision de cette localisation. Mais c'est seulement en utilisant vingt-six coordonnées pour décrire les positions à l'intérieur de la matrice-S que Veneziano avait réussi à éliminer les fantômes...

Il s'agit là d'un exemple typique de la démarche consistant à partir de l'abstrait pour aller vers le concret puisque le point de départ était un résultat purement mathématique sans relation avec le monde réel des particules. Ce modèle de Veneziano fut une source d'inspiration, essentiellement parce qu'il présentait des similitudes avec d'autres formules décrivant les vibrations de certains objets. Les cordes de violon, par exemple, vibrent selon différentes fréquences qui donnent naissance à divers sons musicaux. Ces fréquences, et donc les notes produites, dépendent de la tension des cordes : celle-ci leur permet de stocker plus ou moins d'énergie qu'elles restituent à intervalles discrets spécifiques. En termes quantiques, les notes peuvent être considérées comme des localisations d'énergie — autrement dit comme des particules élémentaires.

En 1970, le physicien japonais Yoichiro Nambu, qui, à cette époque, travaillait à l'université de Chicago, remarqua cette correspondance entre les équations des cordes vibrantes et celles de Veneziano décrivant le comportement des hadrons. Il comprit que le modèle de Veneziano revenait à considérer les hadrons comme des cordes plutôt que comme des particules. Nambu suggéra alors que ces «cordes» pouvaient être des réalités physiques d'une longueur de 10^{-13} cm (à peu près la dimension d'un proton), dont les différents modes de vibration correspondaient aux divers types de hadrons.

Les cordes de Nambu étaient invisibles, élastiques, de masse nulle, et elles se mouvaient à une vitesse proche de celle de la lumière. Leurs vibrations et rotations suivaient les mêmes règles quantiques que celles qui déterminent les valeurs discrètes du spin des particules. Selon Nambu, des caractéristiques et des niveaux d'énergie différents rendaient compte des diverses sortes de hadrons — qui sont soit des fermions, particules de matière, soit des bosons médiateurs de forces. Une corde sans rotation ni vibration, de peu d'énergie, correspondrait à un hadron de faible masse, comme le pion — le boson médiateur de l'interaction nucléaire forte qui est responsable de la cohésion des protons et des neutrons dans les noyaux. Les cordes en rotation et en vibration rapides, d'énergie plus élevée, correspondraient aux hadrons plus massifs, comme les protons et les neutrons. Tout cela concordait avec les prédictions du modèle initial de Veneziano ; il y avait également accord sur les divers types de hadrons observés dans les accélérateurs de particules.

UN ESPACE À DIX DIMENSIONS

Cette théorie des cordes devint soudain un des points importants de la physique. Elle présentait pourtant quelques failles. En premier lieu, quel rapport y avait-il entre les cordes et les quarks ? En 1964, Murray Gell-Mann et

Trois dimensions en deux. L'un des problèmes inhérents aux théories exigeant plus de trois dimensions spatiales est que celles-ci sont aussi difficiles à visualiser dans le monde à trois dimensions qu'un volume dans un monde à deux dimensions *(ci-contre)*. Ainsi, un cône qui traverse un plan serait d'abord perçu par des observateurs situés dans ce plan comme un point, puis comme une parabole, puis comme un triangle. Dans un espace à deux dimensions, la troisième ne pourrait donc être comprise qu'en termes mathématiques — situation dans laquelle se trouvent les physiciens travaillant sur des théories à dix dimensions ou plus.

George Zweig avaient démontré, chacun de leur côté, que les hadrons étaient des combinaisons de particules encore plus élémentaires, appelées quarks. Or la théorie des cordes considérait les hadrons comme des objets étendus, à une dimension. Nambu et ses collègues commencèrent par suggérer que les cordes pouvaient elles-mêmes être les quarks, mais c'était impossible : les cordes ayant à peu près la même taille que les protons, elles ne pouvaient en être les trois constituants. Nambu proposa alors que les quarks pourraient être les extrémités des cordes ; cela aurait expliqué pourquoi les quarks ne sont jamais observés seuls : un quark isolé serait l'équivalent d'une corde ayant une seule extrémité. Mais, dans ce cas, les protons ou les neutrons, composés chacun de trois quarks, contiendraient une corde à trois extrémités. Bien sûr, on pouvait envisager une corde fendue comme un Y, mais cette solution n'était guère satisfaisante...

Cependant, la théorie de Nambu était confrontée à un problème encore plus sérieux : elle ne rendait pas compte de la totalité des hadrons. Fermions et bosons possèdent tous deux une propriété quantique appelée le spin : celui des bosons a toujours une valeur entière, telle que 0, 1 ou 2, tandis que celui des fermions a toujours une valeur fractionnaire, comme 1/2 ou 3/2. Or la théorie de Nambu n'était compatible qu'avec les particules de spin entier. Début 1971, Pierre Ramond, qui était alors à l'université Yale, reprit toutes les équations et les développa de telle manière qu'elles rendaient enfin compte des fermions.

D'autre part, John Schwarz, à Princeton, et André Neveu, en France, qui s'étaient attaqués au même problème, aboutirent à une solution qui intégrait les calculs de Ramond. Il en résulta une théorie globale des cordes — dite de Ramond-Neveu-Schwarz — qui incluait les différents types de hadrons et ne nécessitait plus que dix dimensions (neuf spatiales et une temporelle) au lieu des vingt-six que Nambu avait héritées de Veneziano. Cela indiquait qu'ils

étaient sur la bonne voie, celle qui menait vers le monde familier de l'espace-temps à quatre dimensions.

Pourtant, malgré les progrès réalisés, la théorie des cordes n'intéressait plus guère la communauté scientifique : un espace à dix dimensions était tout simplement trop complexe pour être largement accepté. En 1973, tout l'enthousiasme qui s'était manifesté à son égard était retombé. C'est la chromodynamique quantique qui, alors, était au premier plan, car elle apportait des réponses satisfaisantes à bon nombre de questions concernant l'interaction forte *(page 34)*. De plus, considérer les quarks comme des particules paraissait plus plausible que les imaginer comme les extrémités d'une corde. «La théorie des cordes, déclara plus tard John Schwarz, se tarit pratiquement en l'espace d'une nuit. »

SUR LA PISTE DU GRAVITON

En 1974, alors que la théorie des cordes semblait tomber dans l'oubli, Schwarz, qui se trouvait au California Institute of Technology depuis 1972, rencontra le physicien français Joël Scherk avec qui il avait auparavant travaillé à Princeton. Bien que la plupart des chercheurs concernés par l'interaction nucléaire forte aient concentré leur attention sur la chromodynamique quantique, Schwarz et Scherk ne voulaient pas abandonner la théorie des cordes. «Nous pensions fortement que sa structure mathématique était trop belle pour ne pas avoir quelque contrepartie dans la réalité, écrivit plus tard Schwarz. Les cordes méritaient au moins un examen supplémentaire avant d'être définitivement rejetées. »

Parmi les défauts qui lui étaient reprochés, la théorie faisait intervenir toutes sortes de particules qui n'avaient jamais été observées. L'une d'elles, cependant, possédait des caractéristiques séduisantes : d'après les équations, ses propriétés correspondaient exactement à celles du graviton, l'hypothétique particule quantique de l'interaction gravitationnelle, responsable de la courbure de l'espace-temps. Étant physicien des particules, Schwarz ne s'était guère intéressé jusque-là à la gravitation, dont les effets, trop faibles au niveau subatomique, étaient considérés comme négligeables. Il prit néanmoins conscience que la présence de ce graviton pouvait sauver la théorie des cordes si celle-ci abandonnait son propos initial qui était d'expliquer le comportement des hadrons.

Schwarz et Scherk suggérèrent alors que cette théorie était le moyen d'unifier la gravitation et les autres forces fondamentales, à condition toutefois de diminuer la taille des cordes : au lieu de 10^{-13} cm, tel que l'avait proposé Nambu, il fallait envisager 10^{-33} cm afin d'être conforme à l'échelle de Planck. Pensant être sur la piste d'une découverte importante, les deux chercheurs donnèrent des conférences et écrivirent de nombreux articles en 1974 et 1975, afin de diffuser leurs idées. Mais ils se heurtèrent à l'indifférence générale. «Notre travail était poliment reçu, écrit Schwarz, et, pour autant que je le sache, personne ne le jugea de mauvaise qualité. Pourtant, pendant une dizaine d'années, aucun expert ne prit notre propos au sérieux. »

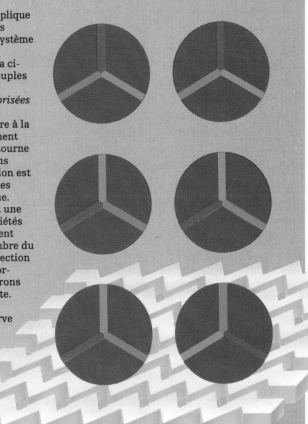

SYMÉTRIES GLOBALE ET LOCALE

En physique, la symétrie implique la conservation de certaines propriétés physiques d'un système lorsque celui-ci subit des transformations. Le schéma ci-contre, représentant des couples d'électrons dans un champ électromagnétique *(lignes brisées violettes)*, montre comment certaines forces peuvent être à la fois globalement et localement symétriques. Si un couple tourne d'un cran dans le même sens *(au centre)*, la transformation est globale : toutes les particules changent de façon identique. L'électromagnétisme ayant une symétrie globale, les propriétés physiques du système restent inchangées. Si chaque membre du couple tourne dans une direction opposée *(en bas)*, la transformation est locale : les électrons changent de façon différente. Mais la symétrie locale de l'électromagnétisme préserve à nouveau les propriétés physiques du système.

THÉORIES ET SUPERTHÉORIES

De nombreuses autres théories furent proposées, qui étaient autant d'approches nouvelles des problèmes fondamentaux de la physique. La plus importante faisait appel à la supersymétrie — une généralisation de la notion de symétrie qui s'était montrée si utile dans l'élaboration de la chromodynamique quantique et dans les tentatives d'unification des grandes forces.

Il existe deux types de symétries — globale et locale — qui sous-tendent la conservation d'une ou plusieurs propriétés d'un système lorsque celui-ci subit des transformations. La symétrie globale implique des changements identiques en tous points du système — comme dans l'inversion d'une image par un miroir, par exemple — tandis que, dans la symétrie locale, certaines de ses caractéristiques seulement restent invariantes alors même que toutes les autres sont modifiées. Appliquée aux champs de forces, la symétrie locale est appelée invariance de jauge. Elle a une grande importance car elle permet d'expliquer comment des forces distinctes peuvent finalement être unifiées en dépit de leurs différences. L'électromagnétisme et les interactions nucléaires forte et faible sont appelés forces de jauge car ils obéissent chacun à des symétries locales : c'est ce qui a permis aux chercheurs, dans les années 1970, de les concilier dans le cadre des théories de grande unification. La gravitation, quant à elle, resta isolée jusqu'à ce qu'apparaisse un nouveau concept, celui de supersymétrie.

Plusieurs physiciens eurent cette idée de supersymétrie au début des années 1970, et parmi eux Julius Wess, de l'université de Karlsruhe, en Allemagne, et Bruno Zumino, du CERN. Tous deux avaient déjà travaillé ensemble à l'université de New York, mais l'inspiration ne leur vint qu'après avoir participé à un séminaire sur les cordes, au CERN, en 1973. À la suite d'une conférence sur les relations de symétrie inhérentes aux cordes, les deux chercheurs se demandèrent si de telles symétries ne pouvaient pas être généralisées à toutes les particules au lieu de ne concerner que celles de l'interaction forte, ou hadrons, ainsi que le prévoyait la théorie de Ramond-Neveu-Schwarz. Appliquant le nouveau concept de superespace, développé par Abdus Salam et John Strathdee, du Centre international de physique théorique, à Trieste — qui ajoutait quatre nouvelles dimensions aux quatre habituelles de l'espace-temps — Wess et Zumino parvinrent à effectuer l'unification mathématique de tous les types de fermions et de bosons sans être obligés de se référer aux cordes. En fait, dans ce contexte à huit dimensions, les fermions et les bosons devenaient indistincts, ce qui simplifiait énormément la réalité physique : deux familles très différentes de particules n'en faisaient plus qu'une lorsque des relations de supersymétrie intervenaient — celle-ci étant, pour le superespace, l'équivalent de la symétrie simple.

Naturellement, cette logique mathématique n'était pas dépourvue de

En appliquant le concept de «supersymétrie», en 1973, Bruno Zumino *(ci-contre)* et Julius Wess *(à droite)* découvrirent que les bosons (particules médiatrices des forces) et les fermions (particules matérielles) devenaient mathématiquement indistincts : les deux familles de particules élémentaires n'en faisaient plus qu'une ; c'était un grand pas vers l'unification des quatre forces fondamentales. La théorie impliquait huit dimensions et l'existence de superparticules, dont le gravitino, partenaire supersymétrique du graviton, l'agent de la gravitation.

complexité. En effet, la supersymétrie repose sur l'hypothèse que chaque fermion et chaque boson a un partenaire supersymétrique, particule qu'on identifie en ajoutant le suffixe «ino» ou le préfixe «s». Ainsi, les photons sont associés aux photinos, les gluons aux gluinos, les quarks aux squarks, les électrons aux sélectrons, etc. Leur apparente absence dans l'univers suggérait que la supersymétrie avait été rompue, d'une façon ou d'une autre. Selon l'explication la plus plausible, la symétrie des superparticules et de leurs partenaires n'aurait existé que lors de la phase la plus énergétique du «big bang». Pour la mettre en évidence et trouver ces superparticules, il faudrait qu'un accélérateur soit capable d'engendrer l'énergie qui régna aux premiers instants de l'univers. Cette théorie ne peut donc être testée.

Pendant ce temps, d'autres chercheurs s'étaient demandé si la supersymétrie présentait une symétrie locale. Si tel était le cas, raisonnaient-ils, cela voudrait dire qu'il y aurait un nouveau champ de jauge et une nouvelle particule qui lui serait associée; des calculs suggéraient que ce pourrait être le champ gravitationnel et son hypothétique particule quantique, le graviton. Cette hypothèse était séduisante. Avec le gravitino, superparticule du graviton, et une nouvelle théorie appelée supergravité, certains physiciens pensaient qu'ils étaient près de toucher au but, c'est-à-dire de parvenir à intégrer la gravitation dans une unique théorie de grande unification.

Mais cette supergravité n'était qu'une des approches proposées. D'autres modèles de supersymétrie — fondés sur différents types de symétrie entre particules et superparticules — virent le jour.

L'un d'eux semblait expliquer de façon plausible cette troublante notion de dimensions supplémentaires... et inobservables. Il décrivait un processus selon lequel les conditions qui régnaient dans l'univers primordial auraient entraîné la «compactification» de ces multiples dimensions — ce qui veut dire, dans le jargon des physiciens, que le tissu spatial se replie sur lui-même et se recroqueville dans des espaces si infiniment petits qu'on ne peut plus les discerner. La théorie de Kaluza-Klein, vieille de cinquante ans, refaisait ainsi brusquement surface... La multidimensionalité et l'incapacité où l'on est de la percevoir pouvaient n'être que l'effet d'une perspective limitée inhérente à l'état actuel de l'univers.

Cependant, la supersymétrie n'était pas sans rapport avec les cordes. En 1976, Joël Scherk ainsi que le physicien italien Ferdinand Gliozzi et David Olive, du Collège impérial de la science et de la technologie, à Londres, publièrent un article dans lequel le concept de supersymétrie et la théorie des cordes — qui avait été retravaillée de façon à inclure le graviton et le gravitino — étaient mis en relation, si bien que les cordes devenaient des «supercordes». Mais ces développements n'eurent pas beaucoup d'écho: à la fin des années 1970, nombre de chercheurs se consacrant aux théories de grande unification montraient peu d'intérêt pour les raffinements supersymétriques d'une théorie qui, pensait-on, avait fait son temps. Pour la majorité des physiciens, les cordes, fussent-elles reconverties en supercordes, étaient de l'histoire ancienne...

L'ÉMERGENCE DES «SUPERCORDES»

John Schwarz, pourtant, croyait toujours au pouvoir unificateur de la théorie des cordes. Il n'était pas le seul — enfin pas tout à fait. Michael Green, du Queen Mary College, de l'université de Londres, qui avait fait sa thèse sur les théories de Veneziano de la fin des années 1960, disait d'elle: «Elle est si captivante qu'il est difficile de la chasser de son esprit.» Pendant l'été 1979, les deux hommes eurent l'occasion de se rencontrer au CERN. Réunis autour d'une tasse de café, ils parlèrent avec passion de leur fascination commune pour cette théorie et conclurent qu'elle méritait bien qu'on y consacre encore du temps. Ils décidèrent alors de concentrer leur travail sur la relation cordes-supersymétrie proposée trois ans plus tôt par Scherk, Gliozzi et Olive. Ils n'obtinrent que peu de résultats cette année-là, mais cela n'entama pas leur volonté de poursuivre dans cette voie.

En 1980, ils se rencontrèrent de nouveau, au Centre de physique d'Aspen cette fois, lieu où les chercheurs pouvaient se réunir en été et travailler en étant libérés de toute contrainte. Dégagés de leurs charges universitaires, revivifiés par l'air de la montagne, les deux physiciens abordèrent une fois de plus le problème des supercordes, et, pour commencer, ils s'attaquèrent à certaines anomalies mathématiques qui apparaissaient dans leur modèle de supersymétrie. À la fin de leur séjour, ils avaient réussi à mettre sur pied une théorie cohérente, décrivant les propriétés des supercordes dans un espace-temps à dix dimensions. Ils la baptisèrent théorie de type I. L'été suivant, ils élaborèrent une théorie de type II, décrivant le cas particulier de supercordes dont les extrémités se rejoindraient de manière à former une boucle. Aux yeux des quelques physiciens que le sujet intéressait encore, ce mariage de la supersymétrie et des cordes semblait aller de soi. «Tout le monde

Inspirés par les travaux d'Edward Witten *(à droite)*, les théoriciens des supercordes John Schwarz *(à l'extrême gauche)*, du Caltech, et Michael Green *(ci-contre)*, du Queen Mary College, à Londres, trouvèrent en 1984 une façon d'incorporer la gravitation dans la théorie des cordes sans qu'apparaissent des anomalies mathématiques. Leur travail fut rapidement reconnu et apprécié, ce qui donna à la théorie la crédibilité qui lui avait jusqu'à ce jour manqué.

rendait tout supersymétrique à cette époque», rappela Green par la suite, en déclarant que Schwarz et lui avaient été littéralement «magnétisés» par les possibilités que semblaient offrir les supercordes. Au fur et à mesure de leurs progrès, ils devenaient de plus en plus convaincus que leurs efforts ne seraient pas vains: «Je n'avais encore jamais travaillé avec une telle intensité», déclara plus tard Green.

Le principal défaut des autres théories essayant d'appliquer les lois de la physique quantique à la gravitation était l'apparition de valeurs infinies dans leurs équations. Or Schwarz et Green montrèrent que le fait de remplacer les particules ponctuelles, sans dimensions, par des cordes à une dimension faisait, comme par magie, disparaître le problème. La théorie des supercordes de type I pouvait être renormalisée — les valeurs infinies s'annulant les unes les autres, exactement comme dans l'électromagnétisme ou les interactions faible et forte. Mieux encore, la théorie de type II ne conduisait qu'à des valeurs finies. Les deux chercheurs publièrent leurs résultats, espérant que d'autres physiciens y prêteraient enfin attention. Dans un article paru dans la revue *Physics Reports,* Schwarz quêtait de l'aide: «Seul le temps nous a manqué ces deux dernières années, mais nous espérons que cet article incitera d'autres chercheurs à nous rejoindre dans cette voie.»

Ce ne fut pas le cas. Green n'en fut pas autrement surpris: «La plupart des gens ont simplement l'impression que la théorie des cordes est trop éloignée de la mécanique quantique habituelle.» Le fait qu'on ne sache pas expliquer comment l'espace à dix dimensions des supercordes avait été réduit à celui, à quatre dimensions, que nous connaissons semblait être un obstacle majeur. Les mathématiques appliquées à ce problème, très complexes, devaient prendre en compte toutes les interactions et les particules de l'univers, et pas seulement la gravitation. En fait, Green admit par la suite que la théorie des supercordes «ne semblait pas pouvoir être reliée aux lois de la physique, sauf à la gravitation». Heureusement, des renforts n'allaient pas tarder à arriver.

En dépit du manque d'enthousiasme pour les travaux de Schwarz et Green, quelques physiciens en suivaient les progrès, et parmi eux Edward Witten, considéré comme l'un des théoriciens actuels les plus imaginatifs, ayant éclairé des domaines aussi divers que la cosmologie et la physique des particules. Diplômé de l'université Brandeis, Witten s'était d'abord orienté vers le journalisme et la politique avant de décider qu'il manquait par trop du «sens commun» présumé nécessaire dans ces domaines. Il s'était alors inscrit à Harvard, dans le département de physique. En 1979, à l'âge de vingt-huit ans, il était professeur à Princeton... En 1982, avec son collègue Luis Alvarez-Gaumé, de Harvard, il écrivit un important article qui abordait quelques-uns des concepts les plus difficiles de la physique théorique. De prime abord, cet article semblait plutôt compliquer les problèmes auxquels Schwarz et Green se trouvaient confrontés, mais, au final, il s'avéra être une source d'inspiration...

UNE LUEUR DANS LE TUNNEL

Les recherches de Witten et d'Alvarez-Gaumé concernaient, entre autres points, un sujet qui avait déjà été abordé à la fin des années 1950, quand les expériences avaient démontré que l'interaction faible différenciait parfois les particules qui avaient un spin de sens opposé *(pages 40-43)*. Les physiciens avaient d'abord supposé qu'il existait une symétrie fondamentale entre ces deux directions de spin et que l'univers primitif était en fait «ambidextre». Mais il était clair que cette symétrie originelle avait dû être brisée. Il en résultait que toute théorie incorporant l'interaction faible — et donc toute théorie ayant pour ambition d'unifier les grandes forces de la nature — devait tenir compte de cette orientation privilégiée. Dans les théories faisant appel à de multiples dimensions, la parité gauche-droite des particules devait être conservée lors du processus de «compactification», c'est-à-dire de réduction aboutissant aux quatre dimensions observables de l'espace-temps.

Avant sa collaboration avec Alvarez-Gaumé, Witten avait déjà montré que cela risquait fort d'être un problème: la parité gauche-droite n'était conservée que lorsqu'il y avait un nombre pair de dimensions. Il avait aussi démontré que, dans le contexte des théories de Kaluza-Klein, les grandes forces connues ne pouvaient résulter que de la réduction d'un nombre impair de dimensions. Or, comme si cela ne suffisait pas, l'article de Witten et d'Alvarez-Gaumé soulignait que la plupart des théories faisant appel à dix dimensions devaient présenter des anomalies, celles-ci impliquant des violations inacceptables des lois fondamentales de conservation, telle celle de la charge.

Ces développements ne confortaient guère Schwarz et Green. Ils devaient faire un choix... Si leur théorie à dix dimensions préservait la parité gauche-droite, ce que ne faisait pas une théorie à onze dimensions, elle semblait incapable, à l'inverse, de rendre compte des quatre forces fondamentales en évitant les anomalies. Les deux chercheurs décidèrent alors de conserver leur modèle à dix dimensions et d'essayer d'en extirper les anomalies; ils devaient en outre adapter ce modèle de telle manière que la gravitation et les forces de jauge soient déjà présentes dans la version non compactifiée à dix dimensions. Après avoir constaté que la théorie de type II ne pouvait satisfaire à ces critères, ils revinrent à la théorie de type I.

De retour à Aspen durant l'été 1984, Schwarz et Green réexaminèrent les différentes versions de leur théorie de type I, chacune étant fondée sur un type particulier de symétrie ou un groupe de particules mathématiquement liées. Juste avant l'une de leurs séances de travail, Schwarz fit remarquer à Green qu'il y avait peut-être un type particulier de symétries dans lequel certaines anomalies disparaissaient. Green admit par la suite que cette idée ne reposait sur rien : elle exprimait un simple souhait... Alors que la plupart de leurs collègues pensaient que le problème était insoluble, Schwarz et lui gardaient leur optimisme : ils trouvaient cette théorie si «magique» qu'ils étaient sûrs de découvrir le moyen de contourner la faille. «En fait, il apparaissait que les différentes versions de la théorie des cordes souffraient de ce défaut, nota Green, mais il devait bien s'en trouver une, unique, qui échappe à ce problème.» À la fin de la réunion, Green se tourna vers Schwarz : «SO(32)», lança-t-il. «C'est alors, se rappelle Schwarz, que nous fûmes pris par une grande exaltation.»

Ils entreprirent de reformuler leur théorie de type I pour la rendre conforme aux exigences du groupe de symétries SO(32), l'un des plus grands, qui contient 496 particules de jauge. Une à une, les anomalies furent éliminées. Le dernier calcul était une simple multiplication de deux termes clés — à savoir 31 multiplié par 16. Si la réponse était 496, la preuve serait faite que la théorie était dépourvue de toute anomalie. Green, très énervé, l'effectua au tableau noir et obtient 486. «Ça ne marche pas !» s'écria-t-il. «Essaie encore», insista Schwarz, très calme. Green recommença donc et, cette fois, il ne commit pas la même erreur : la réponse était bien 496.

La nouvelle théorie se révélait telle que l'avait qualifiée Green, quasiment «magique» : elle était supersymétrique, elle respectait la parité gauche-droite, elle préservait les forces fondamentales de l'univers à quatre dimensions et, enfin, elle était dépourvue d'anomalies. Mieux encore, elle prédisait l'existence de la gravitation, ce qu'aucune autre théorie tendant à l'unification totale n'avait encore réussi à faire.

Quelques jours après la séance au tableau noir, Schwarz et Green annoncèrent d'une manière inhabituelle à leurs collègues leur stupéfiant résultat : au cours d'une soirée au cabaret. Il y avait déjà eu un précédent au centre d'Aspen en 1976 : lors d'un divertissement semblable, Murray Gell-Mann, le théoricien des quarks, avait accaparé l'attention et annoncé d'une façon assez extravagante et quelque peu exaltée qu'il venait de mettre sur pied une théorie incluant les quarks, la gravitation et tout le reste... Il avait continué sur ce ton pendant quelques minutes avant que deux hommes en blanc arrivent et évacuent ce prix Nobel qui, pour amuser l'assistance, feignait des signes de démence. C'était le tour de Schwarz maintenant : «Je commençais à déclamer et à expliquer en termes un peu incohérents, je l'avoue, comment la théorie des cordes promettait de rendre compte de la totalité des forces de la nature. Personne n'était encore au courant et tous croyaient qu'il s'agissait d'une plaisanterie. Alors les hommes en blanc surgirent et me firent sortir.» C'est sur ce ton de folie simulée que le monde de la physique entra dans l'âge des supercordes.

DES SUPERCORDES «HÉTÉROTIQUES»

À leur retour d'Aspen, Schwarz et Green se hâtèrent de préparer un article pour annoncer officiellement leurs résultats. Mais des copies en circulèrent dès septembre, avant même sa publication. Cette fois, la communauté scientifique fut remuée, en grande partie à cause de l'enthousiasme d'Ed Witten. En effet, après les avoir écoutés pendant une heure, Witten avait reconstitué leur argument, et, quatre jours plus tard, il avait lui-même écrit un article sur les conséquences de cette découverte. «C'était surprenant, commenta Green. Beaucoup de gens eurent cet article avant nous et cela nous fit une énorme publicité.»

Il y avait en effet de quoi. Schwarz et Green avaient noté que, en plus de SO(32), un autre groupe de symétries appelé E$_8$xE$_8$ (E pour «exceptionnel») semblait également annuler les anomalies dans le cadre de la théorie des supercordes. Mais ils n'avaient pas réussi à le modéliser de façon convenable.

D'autres le firent bientôt. À Princeton, quatre physiciens — David Gross, Jeffrey Harvey, Emil Martinec et Ryan Rhom — présentèrent un article en novembre 1984 consacré au groupe E$_8$xE$_8$, dans lequel ils ressuscitaient l'idée de cordes fermées que Schwarz et Green avaient dû abandonner après l'avoir développée dans leur théorie de type II. À la suite de ce travail, ils furent surnommés «le quatuor à cordes de Princeton». Ils avaient baptisé leur modèle théorie hétérotique des cordes, d'après le mot hétérosis qui fait référence à la vigueur accrue des espèces animales ou végétales obtenues par hybridation. Ils avaient en effet réussi à concilier les supercordes de Schwarz et Green et une version de la théorie originelle de Veneziano et Nambu, ce qui avait donné un nouveau type de cordes fermées. Dans le modèle hétérotique, les divers types de particules étaient produits par deux courants qui circulaient en sens inverse le long des cordes — et qui, selon certains commentateurs, pouvaient être comparés à des courants électriques.

La théorie utilisait dix dimensions dans une direction, afin de rendre compte des fermions, et vingt-six dimensions dans une autre pour décrire les bosons, comme dans le modèle original de Veneziano. Ce paradoxe apparent se résolvait de lui-même dans le processus de réduction des dimensions supplémentaires, dont le résultat mathématique aboutissait à un système d'équations identifiant le groupe E$_8$xE$_8$.

Mais il y a plus important: les cordes hétérotiques offrent aux théoriciens une description particulièrement satisfaisante des interactions entre particules, en termes de topologie et de texture même de l'espace. En se déplaçant, les particules ponctuelles tracent dans l'espace-temps des lignes appelées lignes d'univers, alors que les cordes ouvertes parcourent des surfaces qu'on appelle «feuillets» d'univers. Les cordes fermées, cependant, décrivent des surfaces courbes, de formes plus complexes, comparables à celle des tubes: la surface engendrée par une corde fermée isolée, ne subissant aucune inter-action, ressemblerait à celle d'un simple tuyau d'arrosage, mais celle engen-drée par un ensemble de cordes fermées se rejoignant et se séparant — ce qui représente toutes sortes d'interactions entre particules — serait mu-nie de branches et de nœuds formés par la séparation ou la réunion des «tubes» *(pages 86-87)*. La nature complexe de cette topologie est analogue aux effets que produiraient les fluctuations quantiques sur la texture de l'espace-temps. Il en découle que toutes les interactions entre particules

peuvent être décrites en termes de topologie pure, et donc considérées comme contrôlées par la structure de l'espace-temps. C'est bien «le trou» qui, semble-t-il, définit le beignet!

La communauté des physiciens avait à peine eu le temps d'assimiler les grandes lignes de la théorie que quelques-uns de ses avocats en proposèrent une autre conséquence. En janvier 1985, Witten et trois de ses confrères montrèrent que lors du processus de compactification des supercordes, les dimensions supplémentaires se recroquevillaient en de minuscules structures complexes, à six dimensions, inobservables depuis l'espace-temps à quatre dimensions. Les structures spécifiques requises pour la compactification des cordes hétérotiques relevaient d'une classification précédemment étudiée par les mathématiciens Shing-Tung Yau, de l'université de Californie, à San Diego, et Eugenio Calabi, de l'université de Pennsylvanie. Avec l'espoir qu'un seul de ces espaces, dits de Calabi-Yau, expliquerait la forme de l'actuel univers, Witten et son équipe demandèrent à Yau de les aider à le sélectionner. Or, contrairement à toute attente, Yau se rendit compte que plusieurs milliers d'entre eux pouvaient convenir. Cela conduisit les physiciens à se demander s'il ne pouvait pas y avoir, en fait, des milliers d'univers différents — une autre ramification étonnante, et non contestée, de la théorie.

Witten déclara: «La théorie des supercordes relève, d'un bout à l'autre, du prodige!» En 1985, il prédisait au cours d'une interview qu'elle «allait dominer les cinquante années à venir, tout comme la théorie quantique avait dominé les cinquante années précédentes». Cet enthousiasme, qui ne le

L'ESPACE REDÉFINI

La théorie des twisteurs, créée par le mathématicien Roger Penrose à Oxford, est une tentative de synthèse établissant le lien entre le monde subatomique de la mécanique quantique et la théorie de la relativité générale, qui interprète la gravitation comme l'effet d'une déformation de l'espace-temps par des masses. Une telle synthèse permettrait d'unir la gravitation à l'électromagnétisme et aux interactions nucléaires forte et faible, ces trois dernières forces ayant déjà été décrites avec succès en termes quantiques.

L'incompatibilité entre la relativité générale et la physique quantique est illustrée ci-dessous par un diagramme appelé cône de lumière, qui représente une sorte d'instantané des événements de l'espace-temps. Puisque la lumière rayonne à partir d'une source, la dilatation du cercle de lumière en un temps donné engendre un cône, façonné par les trajectoires individuelles d'une infinité de photons. Tout point situé sur le cône, ou à l'intérieur, est dans la sphère d'influence de l'émetteur — autrement dit, la source et le point sont causalement reliés, et la trajectoire qui les joint fait partie de ce qu'on appelle la structure causale de l'espace-temps.

Dans l'espace-temps relativiste *(ci-dessus)*, un cône de lumière représente l'infinité des trajectoires des photons émis par une source donnée (huit d'entre elles sont montrées ici). Cette géométrie fixe permet aux physiciens d'effectuer des calculs, notamment de prédire le comportement des particules dans les processus de collision et de dispersion. Au niveau quantique *(ci-dessous)*, le principe d'incertitude rend floues les trajectoires des photons. La géométrie n'étant plus déterminée, les équations quantiques perdent leur sens.

Dans la théorie de la relativité, ce cône révèle la géométrie de l'espace-temps. Les photons — qui voyagent à la vitesse de la lumière — ont une trajectoire dont la forme est déterminée par la présence ou non de matière. Au niveau quantique, cependant, l'incertitude s'installe : les mouvements des particules ne pouvant être mesurés avec précision, les trajectoires ne sont définies qu'en termes de probabilités, et toutes les relations causales ont une probabilité égale, de sorte qu'il devient impossible d'appliquer la relativité générale au niveau quantique.

Les pages qui suivent illustrent comment la théorie des twisteurs contourne certaines de ces difficultés en redéfinissant l'espace lui-même. Penrose a résolu mathématiquement le problème en associant deux caractéristiques inhérentes à la physique quantique et en les appliquant à l'espace relativiste : d'une part, les nombres complexes — combinaison des nombres réels et des nombres imaginaires inventés par les mathématiciens pour représenter les racines carrées des nombres négatifs — et, d'autre part, le spin, sorte de rotation intrinsèque des particules. Il en résulte un espace complexe à huit dimensions, dont les éléments de base, appelés twisteurs, peuvent se combiner pour former aussi bien les particules en mouvement dans l'espace que les points qui définissent cet espace.

Un twisteur, entité fondamentale de la théorie des twisteurs, est la trajectoire parcourue dans l'espace-temps (représenté à droite sous forme d'un cube) par une particule sans masse comme le photon. Une telle trajectoire *(trait rouge)* est appelée ligne nulle en géométrie traditionnelle. Dans les dimensions complexes de l'espace des twisteurs, schématisé à l'extrême droite par une sphère, la trajectoire et tous les points le long de cette trajectoire sont décrits par un twisteur — représenté ici par un point.

Dans l'espace-temps, un point est défini par l'intersection de l'ensemble des lignes nulles façonnant le cône de lumière issu de ce point *(ci-contre)*. Dans l'espace twistoriel, comme chaque ligne nulle est un point, l'intersection de lignes nulles se traduit par une suite de twisteurs formant une ligne *(à l'extrême droite)*.

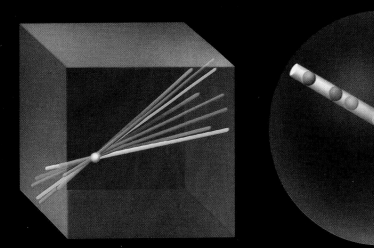

LE POUVOIR DES TWISTEURS

Le progrès significatif réalisé par la théorie des twisteurs, illustrée à droite de façon simplifiée, a été d'offrir une description quantique des particules sans masse. En pratique, la théorie permet aux physiciens de transformer des équations différentielles extrêmement complexes en équations algébriques moins compliquées afin de résoudre des problèmes mettant en jeu les interactions des particules fondamentales.

Non seulement les twisteurs possèdent cette faculté utile, mais ils peuvent aussi être les éléments de base des particules elles-mêmes. Selon Penrose et ses collaborateurs, un twisteur représente mathématiquement une particule sans masse telle que le photon. Quant aux particules massives, elles sont obtenues par une combinaison de plusieurs twisteurs : deux d'entre eux peuvent interagir pour former un électron, trois peuvent donner des protons et des neutrons, et les combinaisons plus complexes produisent les particules plus lourdes, détectées dans les accélérateurs.

Au final, Penrose espère que les twisteurs seront capables de rendre compte des quatre forces fondamentales. De même qu'un objet massif courbe l'espace-temps einsteinien pour engendrer un champ gravitationnel, une particule pourrait déformer l'espace «twistoriel» de façon à engendrer non seulement la gravitation mais également les trois autres forces — l'électromagnétisme et les interactions forte et faible. Un tel développement bouleverserait la façon dont les physiciens conçoivent l'espace, le temps et les particules élémentaires ; il indiquerait surtout le proche avènement d'une théorie d'unification totale.

La géométrie d'un cône de lumière dans l'espace-temps *(à droite)* est fixe, constituée de trajectoires bien définies — les lignes nulles parcourues par les photons issus d'un point donné.

Représenter un tel cône de lumière dans l'espace twistoriel équivaut à représenter un point. Comme toutes les lignes nulles de l'espace-temps se coupent en un point, ce dernier point se traduit dans l'espace twistoriel par une ligne qui connecte des twisteurs ponctuels, ceux-ci correspondant à chacune des lignes nulles.

L'avantage de la théorie des twisteurs devient clair dans la représentation des effets de la mécanique quantique sur le cône de lumière. Comme le principe d'incertitude n'affecte pas les points individuels mais seulement leurs interdépendances, les points restent fixes et leurs liaisons deviennent probabilistes, ou floues.

Quand le cône de lumière twistoriel quantique est retraduit dans l'espace-temps ordinaire, le résultat est tout à fait différent du cône obtenu par quantification directe dans cet espace-temps *(page 72)*. Comme les points du cône de lumière twistoriel ne sont pas affectés par le principe d'incertitude, les lignes nulles auxquelles ils correspondent dans l'espace-temps sont bien définies. Mais l'incertitude des relations entre les points de l'espace twistoriel se manifeste dans le défaut d'alignement des lignes nulles, qui ne convergent plus exactement au même point. En conséquence, l'apex du cône de lumière devient flou — un problème que les spécialistes de la théorie des twisteurs n'ont pas encore résolu.

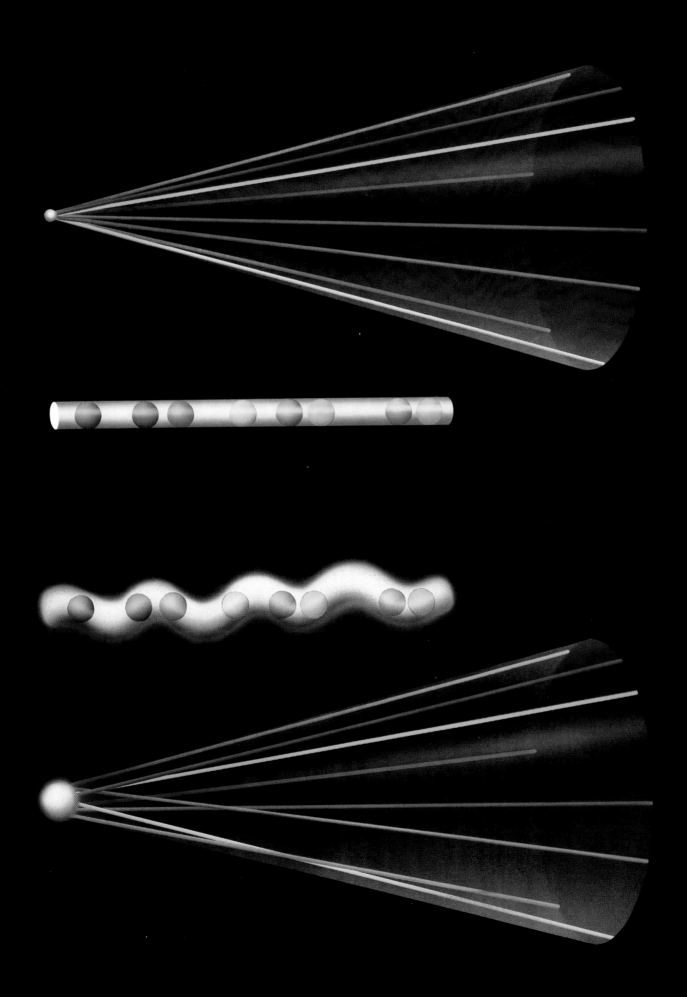

cédait en rien à celui de Schwarz et de Green, mit au premier plan de la physique théorique les travaux de reformulation des principes de base. Les supercordes offraient des solutions plausibles, même si elles pouvaient être contestées, à de nombreux problèmes qui, pendant des décennies, avaient résisté aux approches plus traditionnelles. Leur formulation mathématique rigoureuse et leur caractère quasi «miraculeux» exerçaient une sorte de fascination et éclipsaient d'une certaine manière les brillantes contributions de la poignée de chercheurs qui s'y étaient consacrés. «Je pense que personne n'aurait été assez ingénieux pour pouvoir inventer de toutes pièces la théorie des cordes», déclara Edward Witten. D'ailleurs, personne, pas même ses partisans les plus ardents, ne prétend avoir une compréhension parfaite de ses bases conceptuelles. «Nous sommes dans la situation particulière où nous connaissons quelques équations mais ne comprenons pas réellement en profondeur les principes qui les sous-tendent. L'histoire procède ici à reculons», commenta John Schwarz.

De ce fait, de nombreux physiciens étaient peu disposés à se joindre au mouvement. Dans une interview précédant de peu sa mort, en 1988, le prix Nobel Richard Feynman a exprimé son scepticisme: «J'avais remarqué dès

Avec sa théorie des twisteurs, le mathématicien britannique Roger Penrose, de l'université d'Oxford, redéfinit l'espace même. Les twisteurs, comme celui dessiné au tableau noir, représentent à la fois les points qui définissent l'espace et les particules qui l'habitent. Il en résulte un espace complexe à huit dimensions, qui ouvre la voie à une théorie quantique de la gravitation.

mon plus jeune âge que ceux qui pratiquaient depuis longtemps une discipline étaient souvent incapables de bien comprendre les idées nouvelles, auxquelles ils résistaient d'une manière ou d'une autre, et je trouvais qu'ils
avaient tort de les déclarer mauvaises... Je suis un vieil homme maintenant,
et ces nouvelles idées m'apparaissent extravagantes et ne pas aller dans la
bonne direction... Je serais certainement fou de déclarer qu'elles sont dépour-
vues de sens. Eh bien, tant pis, je vais être fou, car je pense vraiment
qu'elles n'ont pas de sens!... Peut-être divertirai-je un jour de futurs historiens
en déclarant que toutes ces histoires de supercordes ne sont que folies condui-
sant à des voies sans issue.» Et pourtant, Feynman ne peut être accusé
d'avoir jamais manqué d'imagination et d'ouverture d'esprit!

Un autre physicien réputé, le Britannique Roger Penrose, a travaillé dans
ce domaine depuis les années 1960 et développé une théorie concurrente
(pages 72-75), qui pourrait bien un jour prendre la relève, dans le cas où celle
des supercordes tournerait court. Appelée théorie des twisteurs (du verbe anglais «twist», signifiant tordre), elle a laissé perplexe plus d'un scientifique,
mais elle a survécu plus longtemps qu'on l'avait d'abord prévu; d'une certaine manière, elle s'est heurtée à moins de problèmes que sa rivale, mieux
connue. D'autres possibilités sont d'ailleurs actuellement étudiées par les
physiciens les plus imaginatifs de la communauté scientifique. Ils partent de
l'idée que la structure fondamentale de l'espace-temps est discrète, c'est-à-dire
que le temps et la causalité ne procèdent pas de manière continue, mais pas
à pas — un peu à la façon d'un ordinateur. De ce point de vue, la distinction
entre la géométrie de l'espace-temps et les particules qui s'y déplacent disparaît totalement. Bien qu'ils n'aient pas encore réussi à construire la formulation mathématique requise, les partisans d'une telle approche la jugent très
prometteuse pour aboutir à la synthèse tant attendue, à savoir l'unification
des principes de la mécanique quantique et de ceux de la relativité générale.

UN DÉBAT QUI EST LOIN D'ÊTRE CLOS...

Les supercordes n'ont pas fini d'être critiquées. Un de leurs plus virulents
détracteurs a été Sheldon Glashow, de Harvard, qui reçut le prix Nobel pour
son travail sur l'unification électrofaible. Dans un article qu'il écrivit en 1986
avec son collègue Paul Ginsparg, il fustigea la fascination qu'exerçaient alors
les supercordes: «L'existence de la théorie repose sur des coïncidences magi-
ques, des annulations miraculeuses et des relations entre des domaines
mathématiques qui apparemment n'existent pas. Est-ce suffisant pour que
l'on admette la réalité des supercordes? Est-ce que les mathématiques et
l'esthétique peuvent remplacer et transcender l'expérimentation?»

La condamnation de Glashow portait principalement sur le fait que la théorie des cordes ne pouvait apparemment pas être testée. L'échelle des supercordes — de dix-sept ordres de grandeur plus petite que les phénomènes observables à l'aide des accélérateurs de particules les plus puissants — les
situe au-delà des possibilités de l'expérimentation.

Selon Glashow et Ginsparg, «la théorie des supercordes, à moins d'aboutir à un procédé d'approximation permettant d'obtenir une information physique utilisable et testable, peut sans doute être qualifiée, d'après une expression de Wolfgang Pauli, de même pas fausse». À l'issue d'une conférence donnée en 1986, Glashow résuma ses sentiments à l'aide de quelques vers de mirliton qui se terminaient par cette phrase: «Le livre n'est pas terminé, le dernier mot n'est pas Witten.»

Witten lui-même pourrait d'ailleurs être d'accord avec cette opinion. Vers la fin des années 1980, il reconnut que la théorie des supercordes était toujours confrontée à de sérieux problèmes. Un indice probant, tel que la découverte de l'une des superparticules exigées par la supersymétrie, par exemple, serait un encouragement non négligeable. Cependant, bien qu'une telle découverte soit en principe possible avec les futurs accélérateurs, elle ne créerait qu'un lien très étroit entre le monde réel et la structure théorique globale des supercordes. La plupart des partisans des supercordes pensent que les progrès ultérieurs ne pourront provenir que d'une révolution conceptuelle importante. Witten et d'autres se sont donc orientés vers de nouvelles directions de recherches, avec l'espoir d'en tirer des concepts clarificateurs.

Quel que soit l'avenir de ce difficile travail théorique — que la théorie des supercordes, ou une autre, ou bien une combinaison d'idées entièrement nouvelles, aboutisse au succès — il semble évident que les physiciens devront envisager une vision totalement nouvelle de l'espace, du temps et de la matière. En attendant l'émergence de nouveaux concepts et l'avènement de la grande «théorie d'unification totale», ils sont résolus à rassembler le plus grand nombre d'éléments dans tous les domaines. Comme l'a déclaré Feynman, «le principal danger serait que tous fassent la même chose. Nous devons travailler dans toutes les directions possibles».

L'UNIVERS DES SUPERCORDES

Parmi les disciplines scientifiques, la physique est à la fois la plus étroite et la plus large : elle est à la recherche d'un modèle mathématique unitaire qui rendrait compte de tous les phénomènes naturels, allant des émissions des atomes à l'évolution du cosmos. Au XXᵉ siècle, les scientifiques ont bien progressé vers la découverte d'un tel schéma unitaire, mais, jusqu'à ces dernières années, une pièce maîtresse du puzzle refusait de s'ajuster.

Deux grandes théories, la mécanique quantique et la relativité générale, constituent les piliers de la physique moderne. La théorie quantique décrit l'action de l'électromagnétisme et des interactions nucléaires forte et faible dans le monde des particules fondamentales ; la relativité générale décrit la force gravitationnelle en termes de géométrie de l'espace et du temps. Chacune s'est révélée un puissant outil dans son propre domaine. Mais les tentatives d'application des équations de la mécanique quantique à la gravitation se sont heurtées à de nombreuses difficultés mathématiques ; en particulier, les calculs ont engendré une multitude de «divergences à infini», c'est-à-dire des résultats mathématiquement dépourvus de sens, analogues à ce que l'on obtient en divisant un nombre par zéro.

Au cours de ces dernières années, toutefois, l'attention des théoriciens s'est concentrée sur un nouveau concept, celui des supercordes — des structures unidimensionnelles inimaginablement petites, qui seraient le fondement le plus élémentaire de l'architecture du cosmos. Bien qu'encore hypothétiques et mal comprises, les supercordes semblent ouvrir la voie à une théorie quantique de la gravitation et conduire vers ce qu'on appelle «la théorie d'unification totale».

es des forces comme des points mathématiques. Les physiciens ont longtemps supposé que la gravitation pourrait, elle aussi, être décrite en termes de particules ponctuelles. Mais, lorsqu'ils s'y employèrent, les lois de la relativité transformaient l'espace-temps en une sorte d'écume bouillonnante, ce qui expliquait sans doute pourquoi les tentatives d'unification des deux théories engendraient des valeurs infinies.

Au cours des vingt dernières années, toutefois, les physiciens ont mis au point une sorte de remède miracle: en remplaçant les points quantiques par des cordes unidimensionnelles, ayant une longueur mais pas d'épaisseur, les solutions à caractère infini semblaient disparaître. Deux types de cordes ont été proposés: une variété ouverte, aux extrémités libres, et une variété fermée, en forme de boucle. Dans les deux cas, elles sont incroyablement petites, à peine 10^{-33} cm de long. Leur taille, par rapport à l'atome, est comparable à celle d'un atome par rapport au système solaire. Aujourd'hui, la plupart des physiciens préfèrent les modèles de cordes fermées parce que leurs équations conduisent à des résultats plus réalistes.

Puis les scientifiques appliquèrent à la théorie des cordes une autre notion qui avait vu le jour à peu près à la même époque: la supersymétrie. Celle-ci permet de relier mathématiquement les deux familles de particules fondamentales — les bosons, particules médiatrices des forces, et les fermions, particules matérielles *(pages 26-27)*. Les cordes furent alors rebaptisées supercordes.

La différence entre une particule ponctuelle et une corde apparaît clairement dans leur façon de se mouvoir dans l'espace-temps — même si, en vertu du principe de moindre action, toutes deux se déplacent de façon à dépenser le minimum d'énergie. Pour aller d'un endroit à un autre, la particule emprunte le plus court chemin, appelé «ligne d'univers», tandis que la corde, qui a une longueur, balaie un «feuillet d'univers», dont la surface est la plus petite possible. Les lois de la physique permettent à une corde de s'allonger ou de raccourcir au cours du temps et de vibrer un peu comme une corde de violon. Chaque fréquence vibratoire produit un type de particules fon-

Particule ponctuelle. La ligne d'univers d'une particule ponctuelle est unidimensionnelle aussi bien dans l'espace (représenté ici par l'axe vertical) que dans le temps (axe horizontal). En vertu du principe de moindre action, la trajectoire suit le plus court chemin possible entre deux points de l'espace-temps.

Corde ouverte. En se déplaçant dans l'espace-temps, une corde ouverte parcourt un «feuillet d'univers». De même que la particule ponctuelle, la corde ouverte se meut avec un minimum d'énergie : elle balaie donc la plus petite aire possible. Les distorsions du feuillet le long de l'axe vertical n'ont pas de signification physique, tandis que les vibrations perpendiculaires en ont une.

Corde fermée. Une corde fermée n'a pas d'extrémités et balaie un feuillet d'univers tubulaire. Cette surface tubulaire est similaire à celle de la bulle qui se forme quand un enfant déplace dans l'air un anneau contenant de l'eau savonneuse.

8

UN VIBRANT PÊLE-MÊLE DE SUPERCORDES

Selon la théorie des supercordes, toutes les particules fondamentales de l'univers sont des manifestations des propriétés intrinsèques des cordes. Comme celles d'un violon, les vibrations des cordes unidimensionnelles et infiniment petites obéissent à des lois mathé-

musicales. Différents degrés d'excitation, appelés états vibratoires, engendrent divers ensembles de particules subatomiques dont les masses sont déterminées avec précision. Plus un état vibratoire est de fréquence élevée *(encadré du bas),* plus la masse des particules créées par les oscillations des cordes est grande.

Toutes les particules élémentaires observées dans l'univers — quarks, électrons, photons, etc. — sont censées provenir de l'état vibratoire le plus faible

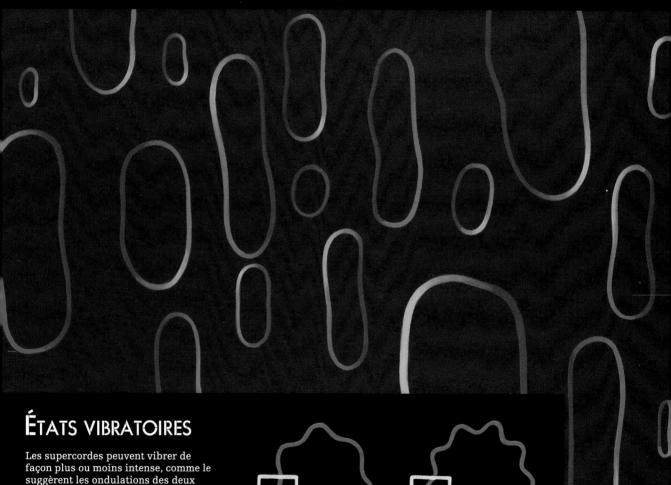

ÉTATS VIBRATOIRES

Les supercordes peuvent vibrer de façon plus ou moins intense, comme le suggèrent les ondulations des deux boucles ci-contre. Les états vibratoires intenses produiraient des particules élémentaires considérablement plus massives que celles qui sont observées dans l'univers. Si de telles particules ont existé lors du «big bang», elles ont dû se désintégrer, à moins qu'elles ne soient trop dispersées dans l'espace pour pouvoir être observées.

appelé mode zéro *(illustrations ci-dessous),* ce qui pose un problème de taille : la théorie des supercordes implique en effet que le mode zéro engendre des particules sans masse, et, de toute évidence, ce n'est pas le cas. Mais, étant donné l'état embryonnaire de ce modèle, les physiciens ont bon espoir de trouver une solution.

La théorie des supercordes établit qu'en sautant d'un état vibratoire à un autre la masse des particules associées augmente très rapidement — sans limitation théorique. Par exemple, l'état vibratoire qui suit immédiatement le mode zéro produirait un ensemble de particules dont les masses approcheraient celle d'un grain de poussière — de véritables mastodontes en regard de toutes celles qui nous sont connues. Le stade suivant dans l'échelle des supercordes produirait des particules encore deux fois plus massives. On ignore si des particules élémentaires ayant une telle masse ont jamais existé dans l'univers. C'est une des nombreuses inconnues de cette conception radicalement nouvelle du cosmos.

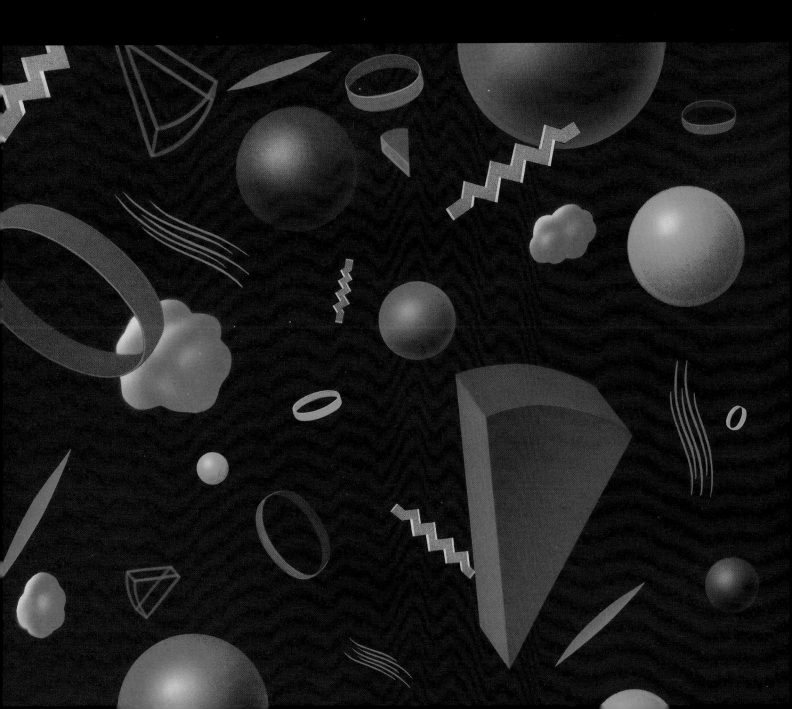

Histoire d'un hybride

Les courants circulant en sens rétrograde le long d'une supercorde hétérotique à quatre dimensions rendent compte aussi bien du spin que des propriétés génériques des particules : le spin distingue les bosons des fermions ; les propriétés génériques définissent la spécificité des fermions : s'ils appartiennent à la famille des leptons ou à celle des quarks.

Les courants stationnaires (combinaison des courants rétrograde et de sens direct) produisent les propriétés de l'espace-temps à quatre dimensions. Ils rendent également compte de certaines propriétés du graviton, l'hypothétique particule médiatrice de l'interaction gravitationnelle.

Les courants qui circulent dans le sens des aiguilles d'une montre le long d'une supercorde hétérotique à quatre dimensions transportent les propriétés de charge correspondant aux champs des interactions faible, forte et électromagnétique. Ces courants déterminent les caractéristiques des médiateurs des forces — respectivement les bosons vectoriels intermédiaires, les gluons et les photons.

Les vibrations jouent un rôle capital car elles défini sent la charge et toutes les propriétés spati temporelles des particules élémentaires engendrée par les cordes. C'est dans une variante de la théori celle des supercordes hétérotiques, que les mouv ments sont décrits de la façon la plus satisfaisante. I terme hétérotique est utilisé en génétique pour qu lifier la vigueur exceptionnelle des hybrides. Deu versions de la théorie des cordes furent ama gamées pour produire cet hybride hétérotiqu L'une — conçue pour expliquer les boso médiateurs des forces — décrit les cord en mouvement dans un espace à ving six dimensions ; l'autre ne fait app qu'à dix dimensions. Les mouv ments qui se déroulent dans c deux contextes distincts so

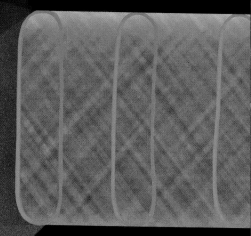

alogues à des ondes ou à des courants qui circule-
ient en sens inverse autour de la corde hétérotique.
ʔur concilier cette dernière avec les quatre dimen-
ʔns de l'espace-temps, les physiciens proposent des
ʔdes ou des courants stationnaires combinant les pro-
ʔiétés des deux courants. Comme montré ici, la corde
ʔtérotique à quatre dimensions engendre des particu-
ʔs différentes sous l'action combinée de ces courants,
ʔ qui permet à la corde de se manifester sous forme
ʔ quark up, de neutrino ou toute autre «créature» du
ʔstiaire subatomique.

ʔ Cette théorie, qui requiert non seulement un nombre
ʔnsidérable de dimensions, mais deux ensembles di-
ʔensionnels distincts, peut sembler par trop compli-
ʔée; les théoriciens font toutefois remarquer que,
ʔans ce modèle, les mathématiques fonctionnent parti-
ʔlièrement bien. Il faut aussi garder en mémoire que
ʔs dimensions invoquées ne doivent pas être considé-
ʔes au sens usuel, mais plutôt comme un moyen de
ʔécrire les conditions de charge interne.

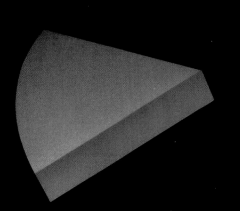

Certaines propriétés des quarks — constituants
fondamentaux de la matière, qui comportent six
«saveurs», ont un spin $1/2$ et possèdent une
propriété associée à l'interaction forte, appelée
«couleur», analogue à la charge électrique
associée à l'électromagnétisme — proviennent
d'une combinaison des trois courants d'une
supercorde hétérotique.

Les propriétés des bosons médiateurs de forces
— ici, un photon sans masse ni charge et de
spin 1 — sont déterminées par une combinaison
différente de ces trois courants.

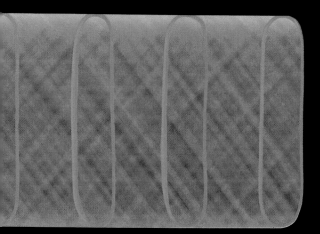

Les gravitons — les hypothétiques particules
médiatrices de la gravité, de spin 2, sans masse
ni charge — seraient essentiellement produits
par les courants stationnaires d'une supercorde.

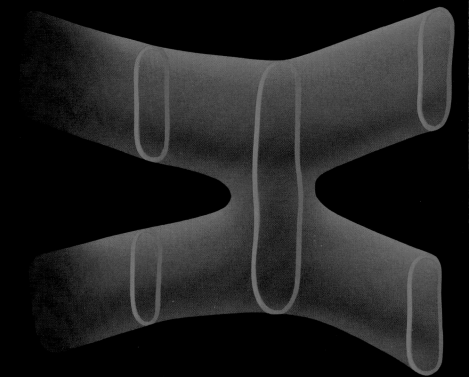

Le diagramme en pantalon est un
feuillet d'univers tubulaire représentant
la jonction et la scission de deux cordes
hétérotiques au cours de leur
déplacement dans l'espace-temps.

JEUX DE BOUCLES

Alors que la théorie quantique envisage les interactions de particules comme un ensemble complexe de
collisions et d'échanges, la théorie des supercordes les
conçoit comme une succession de jonctions et de sépa-
rations de boucles. La jonction de deux cordes suivie
de leur scission est représentée ci-dessus par un «diagramme en pantalon», ainsi appelé en raison de sa ressemblance avec la pièce vestimentaire du même nom.
Cette séquence est fondamentale dans la théorie des
cordes hétérotiques, car elle peut rendre compte des
quatre grandes forces de l'univers.

Dans les illustrations figurant en haut de la page
suivante, ces forces sont visualisées en termes de parti-

cules ponctuelles traditionnelles, représentation qui
met en jeu un échange de bosons. La jonction-scission
des supercordes incorpore la même information et
même davantage.

Le diagramme en pantalon des interactions de cordes permet aux physiciens de simplifier la représentation d'événements extrêmement complexes. Quand
deux cordes s'unissent, puis se séparent, puis s'unissent à nouveau, un trou se forme au centre du diagramme décrivant leur action. Davantage d'interactions créent davantage de trous et aboutissent à une
structure inextricable semblant représenter correcte-

La force électromagnétique — responsable de la structure atomique, des réactions chimiques et des phénomènes électromagnétiques — est ici représentée par des particules ponctuelles, deux électrons échangeant un photon puis s'écartant.

L'interaction forte, qui assure la cohésion des noyaux atomiques, a une grande intensité mais une très faible portée. Elle est ici représentée par deux quarks échangeant un gluon puis s'attirant mutuellement.

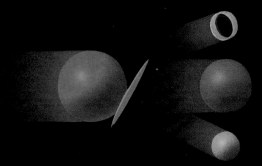

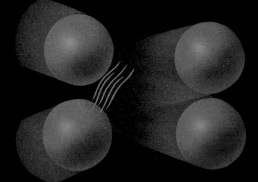

Dans la vision quantique conventionnelle de l'interaction faible, un muon émet un boson vectoriel intermédiaire, qui se désintègre aussitôt en un électron et un antineutrino, tandis que le muon se transforme en neutrino.

Dans la gravitation telle qu'envisagée par la théorie quantique, deux muons s'approchent l'un de l'autre et échangent un graviton, ce qui provoque leur léger rapprochement.

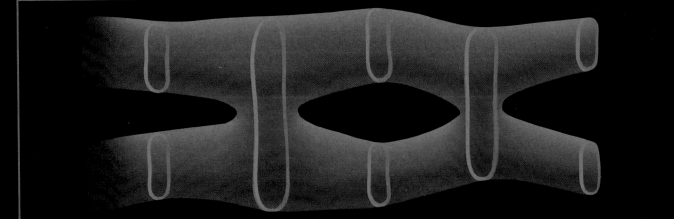

Ci-dessus, deux cordes qui se déplacent se joignent et se séparent, puis se joignent et se séparent à nouveau, ce qui produit un trou dans le feuillet d'univers engendré par leurs mouvements. Dans le schéma ci-contre — l'équivalent du précédent en termes de particules ponctuelles — deux électrons échangent un photon, s'écartent, se rencontrent à nouveau pour échanger un autre photon, puis s'écartent encore.

UNE NOUVELLE ARCHITECTURE COSMIQUE

La théorie de la relativité générale d'Einstein, publiée en 1915, décrivait la gravitation comme une conséquence de la déformation de l'espace et du temps par des masses. Dans la visualisation bidimensionnelle de cette théorie *(ci-dessous, à gauche)*, une masse forme des creux et des bosses dans la structure élastique de l'espace-temps ; un rayon de lumière ou un objet se déplaçant en suivant le plus court chemin dans ce ter-

rain incurvé décrit une trajectoire courbe déterminée par la géométrie sous-jacente, et non pas par l'attraction gravitationnelle telle qu'elle a été définie par la physique newtonienne. Mais cette déformation plutôt simple de l'espace-temps éclate complètement dans le domaine quantique. Selon certains physiciens, en vertu du principe d'incertitude, la courbure et la topologie de cet espace deviennent si complexes à une si petite échelle que l'espace-temps n'est plus un tissu relativement lisse : il semble être le siège de violentes fluctuations qui créent une sorte d'écume défiant toute conceptualisation.

La théorie des supercordes est une approche nou-

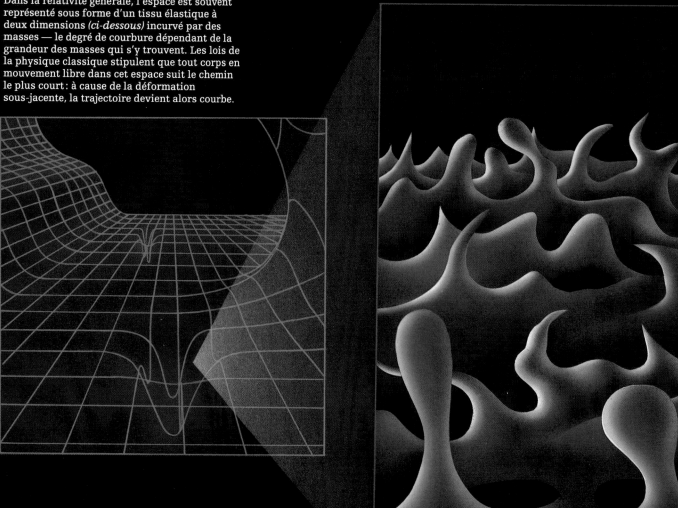

Dans la relativité générale, l'espace est souvent représenté sous forme d'un tissu élastique à deux dimensions *(ci-dessous)* incurvé par des masses — le degré de courbure dépendant de la grandeur des masses qui s'y trouvent. Les lois de la physique classique stipulent que tout corps en mouvement libre dans cet espace suit le chemin le plus court : à cause de la déformation sous-jacente, la trajectoire devient alors courbe.

velle qui permet une meilleure compréhension. Les cordes n'existent qu'à une échelle de distance appelée longueur de Planck, à savoir cent milliards de milliards de fois (100 000 000 000 000 000 000) plus petite que la taille d'un proton. L'innombrable profusion de jonctions et de scissions des cordes engendre une structure extraordinairement compliquée, comme celle suggérée dans l'illustration ci-dessous. L'interaction incessante des cordes fait surgir des «doigts» qui disparaissent aussitôt, activité qui décrit, entre autres, l'apparition et la disparition instantanées des gravitons, les particules quantiques de la gravitation. Contrairement à l'écume d'espace-temps de la relativité générale, cette représentation de la gravitation quantique en termes de cordes acquiert une pertinence mathématique; elle est issue des mêmes lois qui soustendent l'ensemble des phénomènes naturels.

Mais les règles de la théorie des supercordes sont loin d'être entièrement comprises. Celle-ci exige par exemple que les cordes, au lieu de se joindre et de se séparer dans un certain espace-temps sous-jacent, créent leur propre espace-temps *(ci-dessous, à droite).* Les physiciens n'ont pas complètement élucidé cette question. En fait, les supercordes soulèvent des difficultés mathématiques qui pourraient ne pas être surmontées avant plusieurs décennies.

Cette vue détaillée d'un feuillet d'univers engendré par les supercordes montre celles-ci en train de fusionner, de se séparer, de fusionner à nouveau, créant une topologie toujours changeante, qui fait apparaître çà et là des trous... Certaines régions du feuillet d'univers semblent se matérialiser à partir du vide, puis disparaître en lui...

Les rouages internes de cette horloge du XVIe siècle étaient destinés à mesurer l'écoulement du temps considéré comme immuable. Mais, au XXe siècle, on en vint à concevoir le temps comme une dimension élastique, inséparable de l'espace dans l'architecture à grande échelle de l'univers.

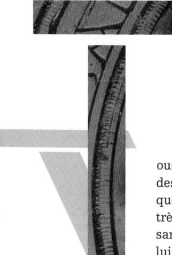

ous les efforts déployés dans le sens de l'unification des forces fondamentales de la nature constituent, en quelque sorte, une tentative d'explication d'un passé très lointain, un passé incroyablement proche de la naissance de l'univers — un passé au-delà duquel le temps lui-même cesse d'avoir une signification. Grâce à de complexes formules prenant en compte des facteurs tels que le taux d'expansion de l'univers et l'intensité du rayonnement dû au «big bang», les scientifiques sont remontés, dans l'histoire du cosmos, jusqu'à 10^{-43} seconde (soit moins d'un millionième de milliardième de milliardième de milliardième de seconde) après sa création. Selon leurs calculs, l'univers était, à cet instant, si dense et si chaud qu'énergie et matière étaient indiscernables et que trois des quatre interactions fondamentales (forte, faible et électromagnétique) ne faisaient qu'une. Nulle théorie n'a, en revanche, réussi à unifier, même à ces niveaux d'énergie, l'action relativement faible de la gravitation et celles de ces trois autres forces fondamentales. Or toute tentative pour remonter dans le temps au-delà de cette date bute sur l'incapacité où nous nous trouvons de prévoir l'évolution d'un univers à densité pratiquement infinie. «Nous devons, selon le cosmologiste Steven Weinberg, nous faire à l'idée d'un zéro absolu du temps, un moment du passé au-delà duquel il est impossible d'établir des liens de cause à effet. La question est ouverte, et pourrait bien le rester.»

Que les scientifiques puissent seulement prendre en considération un tel mystère est le résultat de siècles d'efforts, qui ont permis de décrire quantitativement les liens entre l'espace et le temps. Des théories telles que la relativité générale établie par Einstein, fondées, entre autres, sur la constance et la finitude de la vitesse de la lumière, ont fourni aux théoriciens un cadre de pensée pour décrire les premiers instants de l'univers. La détermination de la vitesse de la lumière (vitesse à laquelle l'énergie électromagnétique se propage) n'en occupa pas moins des générations de chercheurs, de l'époque de Newton à celle d'Einstein, et les calculs les plus récents et les plus précis sont encore bien peu de chose face aux paradoxes fondamentaux du temps. Les théoriciens s'interrogent toujours sur le caractère linéaire ou cyclique du temps à l'échelle cosmique : le temps progresse-t-il irréversiblement de la naissance à la mort de l'univers, ou est-il une succession sans fin d'expansions et de contractions ? Depuis l'Antiquité, ce genre de considérations ouvre un abîme de perplexité dans les esprits les plus curieux.

«QU'EST-CE DONC QUE LE TEMPS?»

Saint Augustin, important philosophe chrétien, n'était pas homme à se laisser effrayer par les défis intellectuels; et l'un des plus difficiles qu'il eût jamais à relever fut celui lancé par la notion de temps. Au début du Ve siècle, c'est-à-dire aux derniers jours de l'Empire romain, il s'attaqua au problème dans ses *Confessions,* en posant de but en blanc la question provocatrice: «Que faisait Dieu avant de créer le Ciel et la Terre?» Puis, écartant l'habile réponse généralement donnée à cette question, «Dieu préparait l'Enfer pour ceux qui cherchent à pénétrer des mystères qui ne les regardent pas», il considéra que le sujet méritait une étude des plus sérieuses: ne posait-il pas l'immense problème de l'éventualité déconcertante d'un Dieu qui, bien qu'apparemment prédestiné, eût pu rester inactif pendant l'éternité qui précéda la Création, ou, pis encore, s'occuper de «tout autre chose» avant de prendre en main le destin de la Terre et de l'humanité!

Pour aborder ce problème, saint Augustin tenta tout d'abord de définir l'insaisissable entité qu'est le temps. Il nota qu'entre le passé et le futur, qui n'ont de signification que dans notre imagination, existe un présent fugitif qui se dérobe avant que l'intellect ait pu l'appréhender. «Qu'est-ce donc que le temps? se demande-t-il. Je sais ce qu'est le temps, à condition que personne ne me le demande; si je dois l'expliquer à autrui, cette explication m'échappe.»

Saint Augustin se mit alors à étudier les textes des différents philosophes qui s'étaient attaqués à la notion de temps. Il considéra ainsi avec la plus grande attention les écrits de ceux qui n'y voyaient «rien d'autre que le mouvement du Soleil, de la Lune et des étoiles». Les orbites du Soleil et de la Lune, ainsi que la ronde des étoiles dans le ciel, n'avaient-elles pas, depuis toujours, été utilisées pour consigner le passage du temps? Et n'avait-il pas toujours semblé normal d'identifier le temps aux cycles de la nature? Le philosophe nota cependant que cette identification posait quelques problèmes dès qu'on concevait le temps comme une suite d'intervalles fixes: heures, jours et mois. Pour preuve, le récit biblique racontant comment Josué avait demandé à Dieu d'arrêter la course du Soleil afin que les Israélites puissent bénéficier d'une journée plus longue pour battre leurs ennemis; selon les Écritures, le Soleil «arrêta sa course dans le ciel et retarda son coucher pendant presque une journée entière». Saint Augustin aurait tout aussi bien pu faire état des problèmes rencontrés par les Anciens, en particulier les Romains, pour établir des calendriers conciliant les cycles lunaire, solaire et sidéraux.

En établissant une distinction entre passage du temps et mouvement des corps célestes, saint Augustin faisait écho au philosophe grec Aristote, lequel avait défini le temps comme le nombre du mouvement... de la huitième sphère — la sphère des étoiles fixes —, le temps servant à son tour à mesurer la durée des mouvements du Soleil, de la Lune et des planètes. Aristote en avait conclu que les concepts de temps et de mouvement étaient distincts, puisque l'un et l'autre pouvaient, indépendamment, être utilisés pour appréhender les phénomènes de la nature. Il s'était rallié à la vision traditionnelle selon laquelle le déroulement du temps pouvait être symbolisé par un cercle, dont la forme évoquait un éternel retour des choses, comparable à celui, chaque jour, du lever et du coucher du Soleil.

Cette vision cyclique du temps, répandue dans les anciennes cultures, avait été frappée d'anathème par les premiers chrétiens qui considéraient l'histoire de l'Homme comme un voyage sans retour, de la Genèse au Jugement Dernier. Saint Augustin rejeta donc tout lien possible entre le temps et les phénomènes récurrents de la nature. Il expliqua, dans ses *Confessions,* que le temps avait été conçu par Dieu au moment de la Création, et que l'esprit humain pouvait, grâce aux dons divins qui lui avaient été accordés de la mémoire et de la prévision, suivre son écoulement inexorable et sans le moindre lien avec les cycles naturels. Dans un ouvrage ultérieur, *la Cité de*

Le cadran solaire — tel ce cadran égyptien du troisième siècle av. J.-C. — fut un des premiers instruments destinés à mesurer le temps : au fur et à mesure que le Soleil se déplace dans le ciel, l'ombre d'une tige fixée dans le trou central se déplace sur des lignes graduées marquant les douze heures de jour.

La nuit et par temps couvert, les Égyptiens utilisaient des horloges à eau, ou clepsydres, semblables à celle-ci. Un trou percé près de la base permettait à l'eau de s'écouler goutte à goutte : la position de son niveau, indiquée par douze marques gravées à l'intérieur du récipient, renseignait sur l'heure. L'imprécision était de l'ordre de dix minutes par jour.

Le temps subdivisé

Sur Terre, la clarté et l'obscurité se succèdent selon un rythme qui varie avec les saisons. Très tôt dans l'histoire humaine, la nécessité de mesurer le temps avec précision se fit ressentir, et l'on inventa l'heure, douzième partie de la durée d'éclairement diurne. Les étapes majeures du développement des instruments de mesure sont illustrées sur cette page et les suivantes, du cadran solaire à l'horloge atomique — une synthèse qui résume l'évolution des idées sur la nature même du temps et la façon de le diviser.

Dieu, il écrivit que la notion de temps cyclique avait été proposée par des «sages déçus et décevants», les événements passés ne pouvant en aucun cas se reproduire dans l'avenir, puisque le monde poursuivait sa route triomphale, depuis la Rome corrompue jusqu'au Royaume de Dieu, qui accueillerait en son sein les vrais fidèles.

C'est ainsi que saint Augustin contribua à propager l'idée d'un temps non cyclique — s'écoulant du passé vers le futur. Bien qu'inspirée par la foi, cette idée allait sous-tendre la pensée scientifique pendant des siècles, les progrès sur le plan expérimental restant, quant à eux, complètement tributaires de ceux de la technique, et notamment de la précision des instruments que l'homme serait capable d'inventer pour mesurer l'écoulement du temps.

Au Moyen Âge, on utilisait des sabliers pour marquer la durée des prières, des leçons ou des tours de garde à bord des navires. Ces sabliers allemands du XVIIIe siècle contiennent des poudres plus ou moins fines : leur écoulement d'un compartiment à l'autre s'effectue en quinze, trente, quarante-cinq et soixante minutes *(de gauche à droite)*.

Les horloges à ressort, construites pour la première fois au XVe siècle, furent améliorées grâce à un mécanisme appelé fusée, qui régularisait la détente du ressort ; malgré cela, le décalage de cette horloge à tambour de 1525 *(ci-dessous)* était de 15 minutes par jour.

Construite en Angleterre en 1335, l'horloge astronomique de Wallingford (dont une réplique est montrée ci-dessus) est la plus ancienne horloge mécanique connue. Elle mesure deux mètres de haut, comporte des poids, sonne toutes les heures, suit la course du Soleil, de la Lune et des étoiles, ainsi que le mouvement des marées à Londres.

L'ART D'ÊTRE À L'HEURE

Le problème de la connaissance précise de l'heure fut difficile à résoudre. Pour mesurer l'écoulement du temps, nombre de civilisations anciennes utilisaient le cadran solaire. Grâce à lui, les Sumériens purent diviser la période diurne en douze parties. Puis, en mesurant le mouvement des étoiles, les Égyptiens firent de même avec la période nocturne, instituant ainsi un jour de vingt-quatre heures. Cependant, la durée de ces heures variait; les heures diurnes étaient, par exemple, plus courtes en hiver qu'en été. Avec l'avènement de l'Empire romain, la durée de l'heure fut fixée à un vingt-quatrième de celle du jour, ce qui permit l'utilisation de clepsydres et de sabliers pour rythmer les heures. Mais, comme ces instruments devaient être régulièrement retournés (les sabliers) ou remplis d'eau (les clepsydres), les plus grandes précautions ne pouvaient empêcher des différences de mesure importantes entre les horloges.

Ensuite, les choses progressèrent lentement. Au XIe siècle, les Chinois mirent au point une horloge munie d'une roue hydraulique portant, réparties le long de sa jante, une série de petites cuvettes. Un jet d'eau constant remplissait les cuvettes chacune à son tour: dès que l'une était pleine, elle était entraînée sous l'effet de son propre poids, faisant tourner la roue et présentant

Les horloges à pendule virent le jour en 1656. Dans celle construite à La Haye en 1657 (montrée ici ouverte et fermée), un échappement maintient le balancement régulier du pendule et confère à l'horloge une précision jusqu'alors inconnue: le décalage n'est que de quinze secondes par jour.

Le premier chronomètre de marine — construit en 1735 et actionné par deux ressorts régularisés par une fusée — permit aux navigateurs de déterminer leur longitude. Une version ultérieure ne perdait que quinze secondes en cinq mois.

au jet la cuvette suivante. La rotation de la roue égrenait ainsi la fuite du temps. Bien qu'ingénieux, ce mécanisme était difficile à construire, et aussi à faire fonctionner ; de plus, il était inutilisable en cas de gel.

Les premières horloges mécaniques firent leur apparition, en Europe, à la fin du XIIIe siècle, dans les tours de certains monastères. Elles n'avaient pas d'aiguilles : c'était la rotation de leurs roues qui indiquait aux moines les heures de prière. De même que celui des horloges plus anciennes, leur principe de fonctionnement était fondé sur l'utilisation de l'action de la gravité qui était là mise en œuvre non plus à l'aide de sable ou d'eau, mais grâce à un poids relié à une corde enroulée autour de l'axe d'une roue ; la roue avait une jante dentée, et un dispositif à balancier, appelé échappement, régularisait son mouvement de rotation de façon que le poids parcourût régulièrement de petits intervalles. De telles horloges supposaient des dépenses régulières en énergie humaine (pour remonter le poids et réenrouler la corde autour de

Les horloges électriques à balancier — comme celle-ci qui fut fabriquée en 1845 — accrurent la précision de la notation du temps et permirent de matérialiser l'étalon de temps national en Grande-Bretagne.

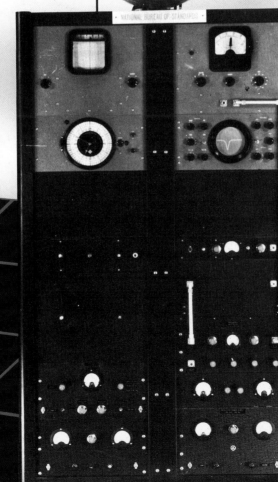

La première horloge atomique, construite aux États-Unis en 1948, couplait la fréquence résonante de la molécule d'ammoniac à celle du cristal de quartz : le décalage n'était que d'une seconde en trois ans.

À la fin des années 1960, les premières montres à quartz, alimentées par piles, tel ce modèle de 1968 fabriqué au Japon par Seiko, furent à la portée de tous. Actuellement, elles avancent ou retardent d'environ une minute par an.

l'axe de la roue); elles pouvaient, de plus, prendre jusqu'à une heure de retard par jour; mais elles fonctionnaient en toutes saisons et leur système d'engrenages constituait un excellent moyen de diviser le temps en petits intervalles. Au XIVᵉ siècle, les minutes et les secondes furent définies, et les aiguilles marquant les heures et les minutes apparurent sur les horloges.

La volonté de connaître l'heure avec précision s'étendit à toute l'Europe. Chaque ville qui en avait les moyens mettait un point d'honneur à ériger une grande horloge publique. En 1382, Philippe de Bourgogne, dit le Hardi, qui avait défait les Flamands, s'empara, en guise de tribut, de l'horloge du beffroi de Courtrai, qu'il rapporta dans sa capitale, Dijon. L'engouement pour de tels chefs-d'œuvre mécaniques mit littéralement le temps sur un piédestal, et le mouvement des aiguilles égrenant heures et minutes suscita une fascination évidente. Les sabliers avaient permis de visualiser la fuite du temps; désormais, le temps était inextricablement lié à une séquence numérique, ce qui insufflait au mode de raisonnement de l'époque un sens de la mathématique du temps qui contribua à donner vie à la science moderne.

L'ESPACE ET LE TEMPS RELIÉS

Si les érudits de la fin du Moyen Âge qui spéculèrent sur le lien entre espace et temps (matérialisé par le mouvement des objets) furent nombreux, il fallut un génie pour que le problème soit abordé de façon quantitative. Le scientifique — et prolifique inventeur — italien Galilée fut, en énonçant le principe de l'isochronisme des petites oscillations, au début du XVIIᵉ siècle, à l'origine de ce bond en avant. Selon Vincenzo Viviani, son étudiant et biographe, Galilée pressentit l'intérêt que pourrait présenter le pendule pour réguler les horloges un peu par hasard: il était, un jour, dans la cathédrale de Pise, quand se produisit un tremblement de terre; alors, le balancement des lampes fixées à la voûte de l'édifice le frappa par son extrême régularité. Après la mort de Galilée, le principe du pendule fut appliqué aux horloges par Christian Huygens, ce qui améliora nettement leur précision.

L'un des apports les plus importants de Galilée à la science fut son calcul de la vitesse de la chute des corps. Des observateurs curieux ayant noté que les objets en chute libre semblaient être en proie à une accélération, Galilée se fixa pour but de mesurer «dans quelle proportion cette accélération se produit». La vitesse d'un objet étant égale à la distance qu'il parcourt divisée par le temps écoulé, Galilée imagina de comparer la distance parcourue par un objet au temps passé. À cette fin, il mit au point un dispositif dans lequel une balle de bronze parcourait un plan incliné de longueur et de pente variables *(page ci-contre)*, le temps mis par la balle étant mesuré grâce à une horloge à eau. En notant la quantité d'eau après chaque expérience, il détermina le temps mis par la balle en fonction de la longueur du plan, ce qui lui permit d'établir que la vitesse d'un objet en chute libre est proportionnelle au temps écoulé. Si, par exemple, l'objet parcourt 9,81 mètres durant la première seconde de sa chute, il en parcourra le double (soit 19,62 mètres) pendant la deuxième, trois fois plus pendant la troisième et ainsi de suite.

C'est cette découverte qui permit à Newton de jeter les fondements de sa remarquable théorie de la gravitation universelle, énoncée en 1687 *(page 13)*. Assurément, Newton, de même que son prédécesseur Galilée, était conscient des difficultés soulevées par la définition de la distance parcourue par un objet au cours du temps. Newton cita le cas d'un marin marchant sur le pont d'un bateau en mouvement. Le marin se déplace à une vitesse qui peut être calculée soit par rapport au navire, soit par rapport à un point fixe du paysage. Newton était cependant persuadé qu'une fois le système de référence choisi le problème de la relativité disparaissait, du fait du caractère absolu du temps. Selon lui, «tous les mouvements peuvent être accélérés ou retardés, mais l'écoulement du temps ne souffre aucune variation».

La foi de Newton en la régularité de l'écoulement du temps reflétait la vision mécaniciste de son époque, qui produisit des horloges sans cesse plus précises et plus fiables — époque influencée par les conceptions philosophiques que saint Augustin et d'autres avaient léguées à la culture occidentale.

L'un des moyens utilisés par Newton pour analyser le mouvement d'un corps fut de représenter le temps sur une ligne droite — un axe — et la distance parcourue sur une seconde, perpendiculaire à la première. Dans un tel système de repères, un objet se déplaçant à vitesse constante est représenté

Galilée fut l'un des premiers à incorporer le temps dans les mesures du mouvement. Pour vérifier son hypothèse que la vitesse de chute d'un corps augmente avec le temps de chute, il fit rouler à maintes reprises une boule de bronze le long d'un plan incliné et mesura les durées de chute, correspondant à différentes longueurs et inclinaisons, à l'aide d'une horloge à eau. En pesant la quantité d'eau qui s'écoulait durant chaque essai, il trouva que les distances parcourues sont proportionnelles aux carrés des temps : il démontra ainsi qu'un corps en chute libre a une vitesse uniformément accélérée de 9,8 m/s par seconde — accélération de la pesanteur à la surface de la Terre.

Dans une célèbre controverse du XVIIIe siècle, le mathématicien anglais Isaac Newton *(à gauche)* et le philosophe allemand Gottfried Wilhelm Leibniz débattirent, entre autres choses, de la nature du temps : Newton lui accordait une réalité objective alors qu'il n'était, pour Leibniz, qu'une notion abstraite permettant aux hommes de dater et de coordonner tous les événements. La conception de Newton prévalut jusqu'à l'avènement des théories de la relativité d'Einstein.

par une ligne droite, alors qu'un objet dont la vitesse varie est représenté par une courbe. Newton ne se borna pas à l'établissement de diagrammes du mouvement. Il développa aussi un outil mathématique permettant d'analyser les situations au cours desquelles une fonction, telle la vitesse, varie avec le temps. Pour déterminer la vitesse instantanée de l'objet, Newton découpa le temps en segments infinitésimaux. Cet outil, qu'il baptisa technique des «fluxions», est aujourd'hui connu sous le nom de calcul différentiel.

Newton ne fut cependant jamais reconnu comme l'unique inventeur du calcul différentiel. Très curieusement, à la même époque et indépendamment, un autre grand mathématicien, l'Allemand Gottfried Wilhelm Leibniz, élabora le même outil intellectuel. Leibniz publia ses travaux le premier (en 1684). Newton fit remarquer qu'il avait mis cette technique au point avant mais n'avait publié ses travaux que dix ans plus tard. Une âpre polémique éclata entre les deux hommes à propos non seulement de la paternité du calcul différentiel, mais aussi de la nature de l'espace et du temps. Newton et Leibniz ne se rencontrèrent pourtant jamais pour débattre du problème. Tout se fit par l'entremise de tierces personnes. En 1715, Leibniz présenta sa version des faits à Caroline, princesse de Galles, qu'il avait rencontrée à la cour de Frédérick Ier, à Berlin. Caroline transmit la lettre à Samuel Clarke, défenseur de Newton et théologien à Westminster. Clarke répondit par une longue lettre défendant Newton. Ainsi commença entre Leibniz et lui une correspondance qui dura plus de deux ans puis fut publiée.

Leibniz y attaque Newton sur des bases scientifiques, mais aussi sur un plan religieux, arguant que son concept de temps réduit Dieu au rang d'horloger se contentant de remonter et de réparer périodiquement l'horloge du temps. Newton avait, selon lui, érigé l'espace et le temps en idoles absolues et éternelles, alors qu'ils n'étaient en fait que des créations mentales, tissant des liens imaginaires qui permettaient à l'esprit de raccorder entre eux objets et événements réels. Clarke y objecte que l'espace et le temps sont bien réels et qu'ils peuvent être mesurés. Si l'espace n'était rien d'autre que les positions respectives des objets et le temps la succession des événements, ce qui importerait, ce seraient les positions des objets les uns par rapport aux autres, l'ordre des événements et la proportionalité des intervalles d'espace et de temps séparant objets et événements, et non pas les distances et durées absolues; «il s'ensuivrait donc que si Dieu avait créé le monde des millions d'années plus tôt qu'il ne le fit, il n'aurait en fait pas été créé plus tôt».

Ce noble débat eut, concrètement, peu d'impact, car la plupart des scientifiques étaient moins impressionnés par les divergences philosophiques entre Newton et Leibniz que par le splendide outil intellectuel qu'ils avaient développé pour étudier les quantités variant dans le temps. En fin de compte, ni le calcul différentiel ni les techniques expérimentales ne permirent d'élucider le mystère de l'espace et du temps. Bien au contraire, des études empiriques très sérieuses semblèrent mettre en évidence des exceptions aux lois supposées universelles du mouvement, exceptions qui ne pouvaient s'expliquer que si l'on remettait en cause des principes de base tels que celui du caractère absolu du temps. L'exception la plus embarrassante concernait la vitesse de la lumière, qui avait déjà été mesurée de façon grossière au moment où Newton et Leibniz établissaient ce langage nouveau pour la physique.

LA VITESSE DE LA LUMIÈRE MESURÉE

Avant la révolution scientifique, les philosophes naturalistes supposaient que la vitesse de la lumière était infinie. En bon sceptique, Galilée avait, au début du XVIIe siècle, tenté de tester cette conjecture au moyen de deux lanternes. Il avait demandé à l'un de ses assistants de se poster sur une colline éloignée et d'attendre le signal lumineux qu'il lui ferait pour allumer sa propre lanterne. Cela devait permettre à Galilée de mesurer le temps mis par la lumière pour faire l'aller-retour entre son aide et lui. L'expérience révéla que

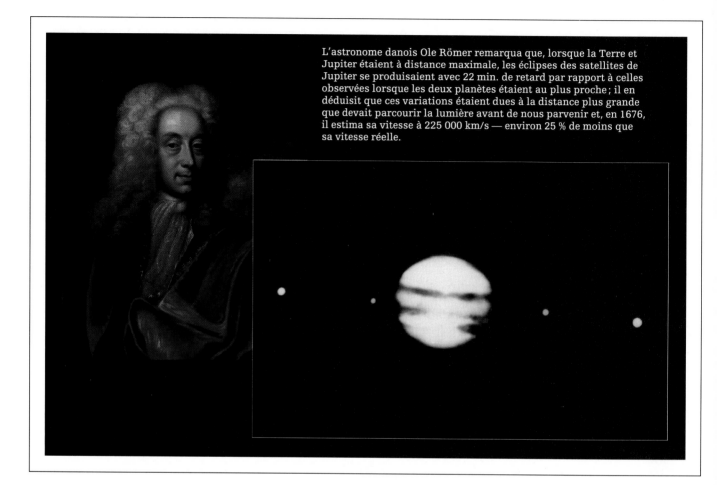

L'astronome danois Ole Römer remarqua que, lorsque la Terre et Jupiter étaient à distance maximale, les éclipses des satellites de Jupiter se produisaient avec 22 min. de retard par rapport à celles observées lorsque les deux planètes étaient au plus proche ; il en déduisit que ces variations étaient dues à la distance plus grande que devait parcourir la lumière avant de nous parvenir et, en 1676, il estima sa vitesse à 225 000 km/s — environ 25 % de moins que sa vitesse réelle.

la lumière se déplaçait à une vitesse extrêmement élevée, beaucoup plus élevée que celle des réflexes des deux expérimentateurs.

Des résultats plus concluants furent obtenus, en 1676, par un astronome danois travaillant à l'observatoire de Paris, Ole Römer, lors de son étude des éclipses des quatre satellites galiléens de Jupiter. Ayant relevé les instants précis de leurs disparitions périodiques derrière la planète géante, Römer remarqua que ces éclipses se produisaient avec un retard d'autant plus important que la Terre s'éloignait de Jupiter. L'écart entre les nuits où la distance entre la Terre et Jupiter était la plus faible et celles, six mois plus tard, où celle-ci était la plus grande s'élevait à vingt-deux minutes. Römer attribua astucieusement ce retard à la distance supplémentaire parcourue par la lumière lorsque les deux planètes s'éloignaient. Comme Jupiter ne parcourait que un vingt-quatrième de son orbite en six mois, cette distance pouvait être négligée ; Römer en conclut que la distance supplémentaire parcourue par la lumière était de l'ordre du diamètre de l'orbite terrestre.

Grâce aux lois de Kepler et aux connaissances de l'époque sur les dimensions du système solaire, Römer disposait d'une valeur grossière de ce

En 1983, plusieurs équipes de physiciens, dont celle de Don Jennings, Russell Petersen et Ken Evenson *(de gauche à droite)*, du National Institute of Standards and Technology, à Boulder, dans le Colorado, utilisèrent un dispositif à laser pour déterminer la vitesse de la lumière avec précision. En mesurant la fréquence d'un faisceau laser à hélium-néon — 473 000 milliards de périodes par seconde — et en multipliant cette valeur par la longueur d'onde de ce faisceau, ils calculèrent que la lumière voyage à 299 792,458 km/s.

diamètre, et le rapport entre cette distance et le temps mis par la lumière pour la franchir (vingt-deux minutes) lui donna une valeur de sa vitesse : 225 000 kilomètres par seconde, soit 25 % de moins que la valeur connue de nos jours. Selon l'astronome sir Arthur Eddington, cette mesure, d'une importance capitale, ouvrit l'ère du « temps tel que nous le connaissons ».

UNE PRÉCISION CROISSANTE

Cinquante ans après l'estimation de Römer, la vitesse de la lumière fut redéterminée, de façon plus précise, par un astronome anglais de l'université d'Oxford, James Bradley. Bradley s'intéressait à la mesure des parallaxes stellaires, ces déplacements apparents des étoiles les plus proches par rapport aux étoiles les plus lointaines, dus en fait au déplacement de la Terre sur son orbite. En 1725, Bradley tenta de mesurer la parallaxe de l'étoile Gamma Draconis. Il détecta alors un déplacement apparent que le phénomène de parallaxe ne suffisait pas à expliquer (on découvrit même plus tard que Gamma Draconis est si éloignée de la Terre que le mouvement de notre planète autour du Soleil n'a aucun effet sur sa position apparente).

Bradley réfléchit quelque temps à ce phénomène nouveau. Et un jour, alors qu'il naviguait sur la Tamise, il remarqua la façon dont la voilure du bateau changeait d'orientation en fonction des évolutions du navire, alors même que la direction et la force du vent étaient constantes. Il lui apparut alors qu'un phénomène similaire devait se produire lorsqu'on observait Gamma Draconis depuis ce grand vaisseau en mouvement dans l'espace qu'est la Terre. La lumière émise par l'étoile pouvait être assimilée à un vent à vitesse et direction constantes, et la Terre à un vaisseau en mouvement autour du Soleil. La direction du télescope était déterminée par celle du flot de lumière, comme la direction de la voile par celle du vent, mais était modifiée par le mouvement orbital de la Terre, comme la voile l'était par le mouvement du bateau.

La direction apparente du vent dépend à la fois de sa direction réelle et de celle du bateau, et de leurs deux vitesses. Si le vent souffle du nord alors que le bateau file vers l'est, tous deux à la vitesse de dix nœuds, la voile s'oriente au sud-ouest; si la vitesse du vent augmente, sa direction apparente se rapproche du nord. L'aberration stellaire observée par Bradley devait être, elle, une déflexion de la lumière émise par l'étoile due au fait qu'elle était observée depuis une planète en mouvement lent (lent par rapport à la vitesse de la lumière). Bradley put donner une valeur numérique à ce phénomène, et en déduisit que la vitesse de la lumière était de 294 500 kilomètres par seconde.

L'ingénieuse technique de Bradley fut remarquée, et son estimation (entachée d'une erreur de 2 % seulement par rapport à la valeur généralement admise de nos jours) fut largement acceptée. Mais, de même que le travail de Römer, cette estimation était le résultat de mesures astronomiques dont la marge d'erreur était faible mais significative. Pour contourner ce problème, les chercheurs tentèrent de réussir là où Galilée avait échoué, à savoir calculer la vitesse de la lumière à partir de mesures terrestres. En 1849, un riche scientifique français qui finançait ses propres expériences, Armand Fizeau, réitéra l'expérience effectuée par Galilée, mais au moyen d'une lampe bien plus sophistiquée: un dispositif émettant, à travers des fentes aménagées dans la jante d'une roue en rotation, de la lumière en direction d'un miroir distant de 8,3 kilomètres, qui renvoyait à son tour le signal lumineux. Fizeau augmenta la vitesse de rotation de la roue jusqu'à ce que la lumière ne pût plus, après avoir parcouru la distance roue-miroir-roue, repasser par la fente dont elle était issue; le temps mis par la fente pour se dérober était alors égal à celui que la lumière mettait pour effectuer l'aller-retour.

Un compatriote de Fizeau, Jean Foucault, améliora cette technique en remplaçant la roue à fentes par un miroir à facettes, grâce auquel il put mesurer le temps mis par la lumière pour être envoyée par l'une d'elles, faire un aller-retour et être récupérée par sa voisine. Les expériences effectuées grâce à ce dispositif donnèrent une valeur de la vitesse de la lumière encore plus précise: environ 299 300 kilomètres par seconde. La technique utilisée par Foucault fut reprise et améliorée par le physicien américain Albert Michelson qui, en 1931, couronna une carrière vouée à la mesure de la vitesse de la lumière en publiant une valeur de 299 771 kilomètres par seconde — laquelle fut considérée comme la valeur de référence jusqu'au début des années 1980, époque à laquelle plusieurs groupes de chercheurs obtinrent la valeur de 299 792,458 kilomètres par seconde *(page 103)*.

LES FONDATIONS ÉBRANLÉES

Michelson légua ainsi à la postérité une valeur de la vitesse de la lumière dont la précision resta inégalée pendant plus de cinquante ans. Sa plus grande contribution scientifique remonte pourtant aux premières années de sa carrière : Michelson attira l'attention des théoriciens sur un problème qui allait miner les conceptions newtoniennes de l'espace et du temps et orienter la physique vers des horizons nouveaux et stupéfiants. Chercheur dont les travaux allaient bouleverser le monde scientifique, Michelson avait un «background» international. Né en 1852 à Strzelno, en Pologne, il émigra aux États-Unis, avec ses parents, à l'âge de deux ans. Après l'obtention de son diplôme de l'U.S. Naval Academy, il y enseigna quelque temps les sciences puis, en 1880, partit pour l'Europe, où il étudia la physique ondulatoire — à Berlin, Paris et Heidelberg. De retour aux États-Unis en 1882, il entreprit une carrière académique (il deviendrait directeur du département de physique de l'université de Chicago) et se lança dans une étude approfondie de la lumière, qui fit de lui, en 1907, le premier Américain à recevoir le prix Nobel.

Curieusement, l'expérience qui allait faire entrer Michelson dans l'histoire avait donné un résultat négatif et jugé par lui décevant. En 1887, il avait, avec le chimiste Edward Morley, un projet expérimental commun dont le but était de démontrer l'existence de l'éther, un milieu sans substance mais universel, dans lequel les ondes électromagnétiques, et en particulier la lumière visible, étaient censées se propager. Le physicien James Clerk Maxwell venait d'établir que l'énergie électromagnétique pouvait être transmise grâce à une onde, et il semblait logique que les ondes lumineuses, de même que les ondes sonores, requièrent un milieu de propagation.

Selon la théorie, l'éther était statique, et différent de l'atmosphère gazeuse entourant la Terre. Alors, de même qu'un coureur ressent le souffle léger de l'air, pourtant au repos, qu'il traverse dans sa course, les observateurs terrestres devaient pouvoir détecter le ténu vent d'éther causé par le mouvement de révolution de la Terre autour du Soleil. Par ailleurs, de même que la vitesse des ondes sonores varie selon qu'elles se propagent dans l'air ou dans l'eau, la vitesse de la lumière devait varier au moment de sa propagation dans l'éther. Morley et Michelson voulaient donc détecter la présence de l'éther en mesurant son effet sur la vitesse de propagation de la lumière à la surface de la Terre.

L'expérience reposait sur un dispositif appelé interféromètre — inventé quelques années plus tôt par Michelson — monté sur un cadre pouvant tourner autour d'un axe vertical. Le principe de l'expérience était de scinder un signal lumineux en deux faisceaux qui seraient renvoyés, l'un perpendiculairement à l'autre, vers deux miroirs qui les réfléchiraient pour les recombiner au point focal ; là, ils interféreraient pour donner une succession de bandes

Les Américains Albert Michelson *(à l'extrême gauche)* et Edward Morley croyaient, comme beaucoup d'autres scientifiques, que l'onde lumineuse, tout comme l'onde sonore, avait besoin d'un support pour se propager. En 1887, ils utilisèrent le dispositif ci-contre pour essayer de détecter cet «éther» censé remplir l'espace. Faisant l'hypothèse que la vitesse de la lumière mesurée dans la direction du mouvement de la Terre à travers l'éther devait être différente de celle mesurée dans la direction perpendiculaire, ils furent désappointés de ne trouver aucune différence. Dix-huit ans plus tard, Einstein expliqua ce fait: la vitesse de là lumière étant absolue, la notion d'éther devenait superflue.

alternativement claires et sombres, des franges, dont la forme indiquerait l'accélération relative de l'un des faisceaux par rapport à l'autre, ainsi que la différence entre les distances parcourues. Or Michelson et Morley pensaient que le mouvement du dispositif — miroirs et point focal — lié, tout au long de l'expérience, au déplacement orbital de la Terre, provoquerait une altération des trajectoires (aller plus long ou plus court que le retour, différence entre les distances parcourues par les deux faisceaux) et, donc, une légère interférence. En faisant tourner le dispositif autour de son axe, on devait, de plus, obtenir une variation de cette figure d'interférence, avec apparition de pics d'interférence au moment où l'un des faisceaux se déplacerait contre le vent d'éther, l'autre affrontant une moindre résistance. La variation — espérée par les théoriciens — de la figure d'interférence constituerait la preuve de l'existence de l'éther. À la déception générale, la rotation du dispositif n'entraîna aucune modification de la figure d'interférence.

Le résultat négatif de l'expérience eut un impact aussi considérable quant à l'étude de la vitesse de la lumière que quant à celle de l'hypothétique éther. Selon les principes newtoniens, en effet, un rayon lumineux émis par une source en mouvement était doté d'une vitesse égale à la somme des vitesses

de la source et de la lumière. Or le résultat de l'expérience Morley-Michelson tendait à prouver que la vitesse de la lumière était indépendante du mouvement du dispositif.

Cette conséquence profonde n'apparut pas immédiatement à Michelson, ni même à ses contemporains, qui réitérèrent l'expérience avec force sophistication, mais sans le moindre résultat. Cependant, une poignée de théoriciens hardis commencèrent, dans les années 1890, à explorer la signification de ce résultat négatif. L'un d'entre eux, le Hollandais Hendrik Antoon Lorentz, étonna par sa précocité: Lorentz avait débuté son doctorat à l'âge de dix-sept ans, à l'université de Leide, et avait obtenu une chaire de physique théorique à vingt-quatre ans. Fasciné par l'expérience de Morley-Michelson et déçu par son résultat négatif, Lorentz se lança dans l'étude de ce qu'il appelait les lois de transformation — des équations reliant entre elles des mesures de temps et de distance effectuées dans différents systèmes de référence. Il en tira un principe d'invariance, qui traduit en termes mathématiques le fait établi par l'expérience de Morley-Michelson que la vitesse de la lumière et de tout autre rayonnement électromagnétique est indépendante du système de référence — ce qui implique que le mouvement relatif d'un observateur par

HORLOGES ATOMIQUES: LES ROUAGES INTERNES

Dans les dernières décennies, les progrès spectaculaires de la chronométrie ont permis aux scientifiques de réaliser des expériences majeures exigeant des horloges d'une précision extrême. Lorsque, au début du XXe siècle, Einstein avança que le temps était relatif et qu'il subissait les effets de la gravitation, les instruments de mesure ne permettaient pas encore de tester sa théorie. L'invention de l'horloge à quartz, en 1929, accrut la précision du chronométrage en substituant au mouvement périodique d'un pendule, ou à tout autre mécanisme soumis aux frottements, les oscillations régulières d'un cristal de quartz. Toutefois, même les meilleures de ces horloges présentaient de légères dérives.

Pour atteindre une précision plus grande, les expérimentateurs de la fin des années 1930 commencèrent à régulariser les oscillateurs à quartz à l'aide des fréquences électromagnétiques les plus fiables: celles des transitions atomiques. Cette précision tient au fait qu'en sautant d'un état d'énergie élevée à un état d'énergie moindre, ou vice versa, un atome émet ou absorbe une quantité déterminée d'énergie, sous forme d'un photon, et que tous les atomes d'un élément donné subissant la même transition émettent des photons de même fréquence. En exploitant cette régularité, les chercheurs purent contrôler la fréquence des oscillateurs à quartz et réduire les écarts à moins d'un millionième de seconde par an. Ils construisirent diverses horloges atomiques, dont un maser à hydrogène, détaillé ici, et un appareil utilisant un faisceau focalisé d'atomes de césium *(pages 110-111)*. Ces deux dispositifs ont été utilisés dans des expériences qui confirmèrent la théorie de la relativité dans les années 1970. Plus récemment, les scientifiques ont conçu une horloge atomique d'une précision encore plus grande: un piège ionique *(pages 112-113)*, qui élimine les minuscules erreurs introduites par le mouvement des atomes eux-mêmes, en les immobilisant à l'aide d'un laser avant d'échantillonner leur fréquence.

Dans l'illustration ci-contre, un «maser» (sigle anglais qui signifie «amplification des micro-ondes par émission stimulée de rayonnement») produit un signal en stimulant l'émission d'un photon *(ligne violette)* par un atome d'hydrogène effectuant une transition d'énergie d'un niveau élevé *(sphère violette)* à un niveau moindre *(sphère bleue)*. Chaque photon émis déclenche la transition d'un atome de haute énergie en passant suffisamment près de lui, ce qui libère d'autres photons. Il en résulte un signal amplifié des ondes millimétriques de 1 420 405 752 hertz (nombre de périodes par seconde), ou 1 420 mégahertz — fréquence de chaque photon émis. L'intensité de ce signal n'est qu'indirectement liée à la précision de l'horloge: c'est sa régularité qui importe le plus. Capté par un récepteur placé au sommet de l'appareillage, il sert à contrôler et à corriger la fréquence des oscillations du cristal de quartz de l'horloge. Sans cet ajustement, la stabilité de fréquence serait d'environ un milliardième de seconde par heure. Grâce à lui, elle est améliorée d'un facteur mille.

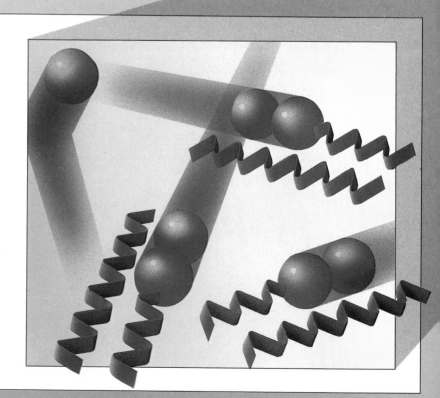

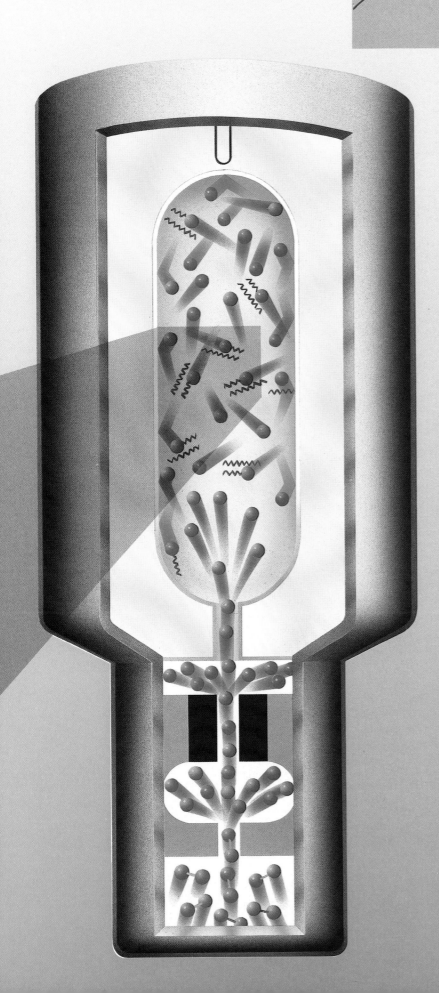

5 Une petite antenne suspendue au plafond de l'enceinte capte le signal à 1 420 mégahertz. Par l'intermédiaire d'une série de commandes électroniques, le maser utilise ce signal fiable — dont la période est de 1,42 par milliardième de seconde *(diagramme ci-dessus)* — comme étalon pour assurer le maintien régulier de la fréquence de l'oscillateur à quartz.

4 À l'intérieur de l'ampoule, les atomes de haute énergie sont bombardés par ce qu'on appelle un rayonnement de corps noir, provenant des parois de la cavité. (Un tel rayonnement est émis par tout corps plus chaud que le zéro absolu.) Il comprend une large gamme d'ondes radioélectriques, dont la plupart n'ont aucun effet. Mais quand un atome d'hydrogène de haute énergie est approché par un photon qui a la même fréquence de résonance — 1 420 mégahertz — il réagit en tombant à un niveau de basse énergie et en émettant un photon de même fréquence. Le photon incident et le photon émis heurtent bientôt des atomes d'énergie plus élevée et déclenchent d'autres transitions émettrices de photons, jusqu'à ce que l'ampoule soit complètement dominée par un rayonnement de 1 420 mégahertz.

3 Les atomes passent ensuite entre deux aimants *(noirs)*. Comme leurs propriétés magnétiques varient en fonction de leur niveau d'énergie, ceux de basse énergie sont déviés par les aimants vers deux ailes latérales, tandis que ceux de haute énergie se dirigent droit vers la partie du maser en forme d'ampoule.

2 Les molécules d'hydrogène pénètrent dans une seconde chambre, où elles sont bombardées par un courant électrique qui brise leurs liaisons et libère les atomes.

1 La chambre inférieure du maser est remplie de molécules d'hydrogène gazeux diatomique (schématisées ici par des haltères), composées au hasard d'atomes de haute énergie *(violets)* et de basse énergie *(bleus)*.

Nouvelle définition de l'unité de temps

Les horloges à maser ont tendance à perdre leur haut degré de précision au bout de quelques jours, car les collisions répétées des atomes d'hydrogène sur la paroi de l'appareil entraînent des décalages de fréquence qui sont captés par le récepteur et dérèglent l'oscillateur à quartz. L'horloge atomique représentée ici est plus précise parce que les atomes de césium qu'elle met en jeu ne sont pratiquement pas perturbés. Au lieu de ricocher contre une paroi, ils sont bombardés d'ondes millimétriques engendrées par l'oscillateur à quartz — dont la fréquence a été multipliée — ce qui provoque leur transition vers un niveau d'énergie plus élevé. Cette transition agit en retour sur l'oscillateur, dont elle régularise les émissions.

La fréquence de l'oscillateur cristallin est multipliée par des moyens électroniques, de telle sorte que, le quartz oscillant à la fréquence requise de 5 mégahertz (5 millions de hertz), les ondes émises ont une fréquence égale à celle qui provoque la transition du

L'utilisation d'un faisceau de césium permet de maintenir la fréquence d'oscillation d'un cristal de quartz (situé dans la boîte centrale ci-dessous) à exactement 5 MHz. Cette fréquence est multipliée de façon à obtenir celle qui provoque la transition de l'atome de césium ; la détection du nombre d'atomes excités permet ensuite, par rétroaction, de régulariser les émissions du quartz.

Le faisceau d'atomes de césium naît dans un four *(à gauche)* où du césium liquide est chauffé jusqu'à l'évaporation. Le processus entraîne une répartition aléatoire des atomes de haute énergie *(en violet)* et de basse énergie *(en bleu)*.

Une fois vaporisés, les atomes s'échappent par un trou percé dans la paroi du four et traversent un faisceau laser infrarouge *(en rouge)* engendré dans une petite boîte située à l'extérieur du tube. Ce laser n'affecte que les atomes de haute énergie qui le traversent, leur faisant subir une transition vers un état de basse énergie *(en bleu)* — condition préalable pour pouvoir tester la fréquence de l'oscillateur.

Ils traversent une chambre en forme de U inondée de « micro-ondes », émises par l'oscillateur et dont la fréquence a été multipliée, ce qui les propulse à un niveau d'énergie intermédiaire. Plus les micro-ondes sont proches de la fréquence de résonance du césium, plus les atomes d'énergie supérieure émergeront nombreux de la chambre.

Un autre détecteur laser enregistre le nombre d'atomes d'énergie supérieure qui sortent de la chambre, ce qui indique la fréquence d'oscillation du cristal. Par rétroaction *(flèche)*, celle-ci est alors très précisément réglée.

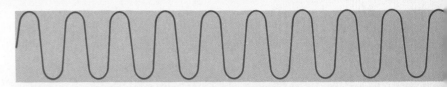

césium, soit 9 192 mégahertz — 9,19 périodes par milliardième de seconde *(diagramme en haut, à droite)*. Les atomes de césium qui absorbent ces ondes ont un état d'énergie plus élevée. Si les oscillations du cristal commencent à dériver légèrement, le rayonnement s'écarte de la fréquence résonante du césium, si bien que moins d'atomes subissent la transition.

Le décalage est repéré par un détecteur laser placé à une extrémité du tube. Les atomes de basse énergie qui traversent le détecteur ne diffusant pas les photons du faisceau laser comme le font les atomes de haute énergie, des signaux sont envoyés à un dispositif automatique qui corrige la fréquence du cristal de quartz : le nombre de transitions augmente, ce qui accroît la diffusion des photons du laser. L'onde émise, ainsi asservie par cette rétroaction, reste constamment égale à celle de la transition atomique.

Ce dispositif s'est avéré si précis que, depuis 1967, la seconde n'est plus la 86 400e partie du jour solaire moyen, mais «la durée de 9 192 631 770 périodes de la radiation correspondant à la transition entre les deux niveaux hyperfins de l'état fondamental de l'atome de césium 133», définition adoptée lors de la XIIIe Conférence générale des poids et mesures.

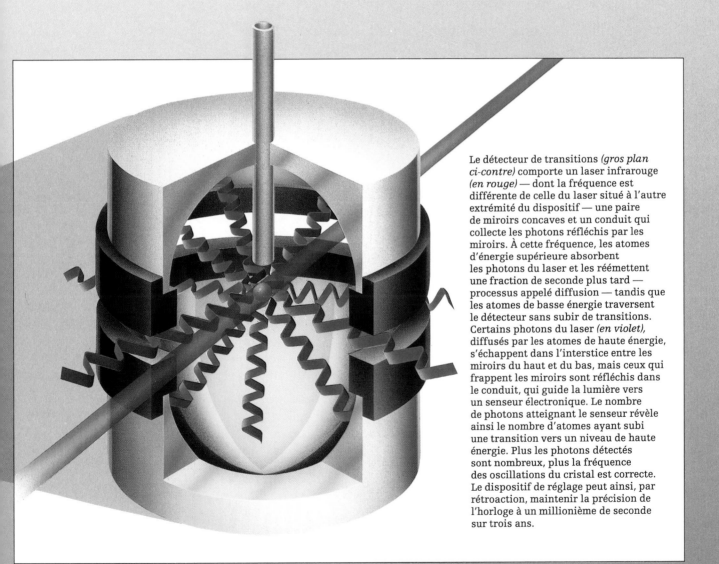

Le détecteur de transitions *(gros plan ci-contre)* comporte un laser infrarouge *(en rouge)* — dont la fréquence est différente de celle du laser situé à l'autre extrémité du dispositif — une paire de miroirs concaves et un conduit qui collecte les photons réfléchis par les miroirs. À cette fréquence, les atomes d'énergie supérieure absorbent les photons du laser et les réémettent une fraction de seconde plus tard — processus appelé diffusion — tandis que les atomes de basse énergie traversent le détecteur sans subir de transitions. Certains photons du laser *(en violet)*, diffusés par les atomes de haute énergie, s'échappent dans l'interstice entre les miroirs du haut et du bas, mais ceux qui frappent les miroirs sont réfléchis dans le conduit, qui guide la lumière vers un senseur électronique. Le nombre de photons atteignant le senseur révèle ainsi le nombre d'atomes ayant subi une transition vers un niveau de haute énergie. Plus les photons détectés sont nombreux, plus la fréquence des oscillations du cristal est correcte. Le dispositif de réglage peut ainsi, par rétroaction, maintenir la précision de l'horloge à un millionième de seconde sur trois ans.

Un piège ionique de haute précision

Bien que les atomes d'un jet de césium soient moins perturbés que ceux d'un maser à hydrogène, ils doivent quand même traverser le dispositif, et ce seul mouvement peut entraîner d'infimes décalages de fréquence. Le «chronomètre» schématisé ici élimine ce problème en immobilisant virtuellement un ion de mercure — un atome dépouillé d'un électron, donc chargé — pour le tester, puis donner sa réponse à un laser de chronométrage: celui-ci l'utilise pour accorder un oscil-

Dès qu'une particule chargée, ou ion, est emprisonnée dans le piège *(voir page opposée)*, le laser de refroidissement *(en violet)* l'immobilise presque complètement. Les deux lasers agissent alors alternativement sur l'ion, environ vingt-cinq fois par seconde *(schémas ci-dessous)*. Si la fréquence du laser de chronométrage *(en bleu)* diffère de la fréquence résonante de l'ion, le laser de refroidissement diffuse les photons. Ceux-ci sont à leur tour focalisés par cinq lentilles en forme de disque, placées au-dessus du piège, et enregistrés par une caméra électronique *(en haut)* qui ordonne au laser de chronométrage d'ajuster sa fréquence *(flèche de rétroaction)*.

Un ion de basse énergie *(bleu clair)* est immobilisé par le laser de refroidissement de façon à éliminer tout mouvement qui induirait un décalage Doppler et dévierait la réponse de l'ion au laser de chronométrage.

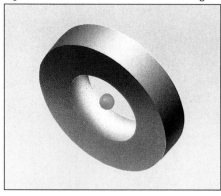

Si la fréquence de ce laser est accordée à celle de l'ion, ce dernier absorbe un photon et saute à un niveau d'énergie plus élevé *(bleu foncé)*. Le laser s'arrête avant que le photon puisse être diffusé.

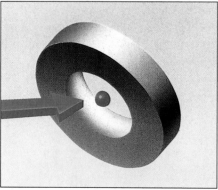

Quand le laser de refroidissement s'allume il ne peut pas interagir avec l'ion, de sorte qu'aucun de ses photons n'est diffusé. Quand il s'éteint, l'ion émet le photon qu'il avait précédemment absorbé.

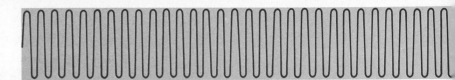

lateur qui, à son tour, fera fonctionner une horloge.

L'instrument emprisonne d'abord l'ion dans un champ électromagnétique, afin qu'il puisse être freiné par un laser de refroidissement *(faisceau violet)* réglé à une fréquence d'environ un million de gigahertz — fréquence résonante du mercure. Lorsqu'un ion est pris dans le champ du laser, son mouvement en comprime les ondes. Il en résulte un décalage Doppler, qui élève la fréquence apparente des ondes lumineuses au niveau de la fréquence résonante de l'ion — ce qui provoque une diffusion ion-photon, c'est-à-dire l'absorption et l'émission d'un photon. Dans ce processus, l'ion perd une partie de sa quantité de mouvement et se refroidit. Après quelques milliers de tels événements, l'ion approche du zéro absolu — pratiquement immobile, il reste cependant capable de diffuser des photons.

L'ion figé est alors exposé alternativement au laser de refroidissement et au laser de chronométrage *(faisceau bleu)*. Quand ce dernier est accordé à la fréquence résonante de l'ion, son effet interfère avec celui du laser de refroidissement, si bien qu'aucune diffusion de photon n'est détectée. Si le laser de chronométrage s'écarte de cette fréquence, celui de refroidissement diffuse des photons vers une caméra: un signal électronique ajuste alors le laser de chronométrage. La rétroaction est si précise qu'une horloge réglée par la fréquence du laser ne déviera pas de plus d'un milliardième de seconde pendant dix ans.

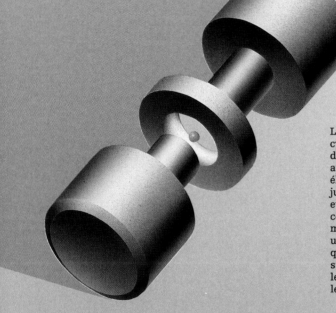

Le piège ionique est constitué de deux électrodes cylindriques et d'une électrode centrale en forme d'anneau. Une différence de potentiel électrique appliquée à l'électrode annulaire établit un champ électromagnétique qui est d'intensité minimale juste au centre. L'interaction entre ce champ et la charge électrique propre de l'ion attire ce dernier vers le point central, confinant son mouvement à l'intérieur d'une zone d'environ un millimètre cube. Le piège est orienté de façon que les deux lasers puissent diriger leur faisceau sur l'ion, mais seuls les photons diffusés par le laser de refroidissement sont focalisés par les lentilles et détectés par la caméra.

rès avoir diffusé ce photon, l'ion retourne on état fondamental *(bleu clair)*. Le oton, lui, a évité les détecteurs, qui sont nçus pour ne capter que les émissions clenchées par le laser de refroidissement.

Dans ce schéma, la fréquence du laser de chronométrage s'est décalée de la fréquence résonante de l'ion. En conséquence, l'ion n'interagit pas avec le laser et reste dans son état d'origine.

L'ion, non perturbé, répond maintenant au laser de refroidissement en diffusant un photon. La caméra le détecte et modifie légèrement la fréquence du laser de chronométrage.

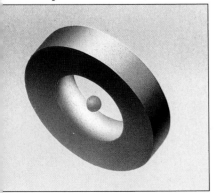

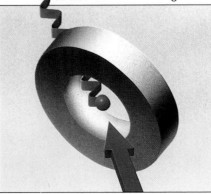

rapport à la source d'émission n'a pas d'effet sur la vitesse de la lumière qu'il observe. Si, par exemple, la Terre quittait brusquement son orbite et se mettait à chuter vers le Soleil à une vitesse de dix mille kilomètres par seconde, la vitesse de la lumière solaire mesurée sur Terre ne changerait pas pour autant. Ce principe paradoxal mena la physique au bord d'une révolution, dont le principal artisan allait être Albert Einstein.

À CHEVAL SUR UN PHOTON

La théorie de la relativité restreinte, publiée par Einstein en 1905, repose sur un voyage imaginaire — une expérience de pensée. Dans cette expérience, faite pour la première fois dans son enfance et souvent réitérée ensuite, il se voyait à cheval sur un photon et tentait d'imaginer comment le monde lui apparaîtrait alors. La question était: puisque c'est la lumière qui transmet à nos sens la séquence des événements venus du monde extérieur, alors, qu'en serait-il de la vision d'un observateur se déplaçant à la vitesse de la lumière? La lumière se bloquerait-elle sur un instant donné?

Physicien et mathématicien, Einstein ne se limita évidemment pas à ce genre d'exercice. Ce qui l'intéressait, c'était de pouvoir produire des résultats chiffrés. Or les travaux de Michelson, Lorentz et bien d'autres l'avaient convaincu de l'inadéquation à la réalité des conceptions newtoniennes — selon lesquelles si la Terre, par exemple, se mettait à chuter vers le Soleil à la vitesse de dix mille kilomètres par seconde, la vitesse de la lumière solaire mesurée depuis la Terre en serait, du fait du caractère absolu de l'espace et du temps, augmentée d'autant et atteindrait la valeur de 310 000 kilomètres par seconde. Pour Einstein, en aucune circonstance la vitesse de la lumière ne pouvait varier. En revanche, l'espace, lui, pouvait se contracter (effet

Si la vitesse de la lumière est invariante, déclara Albert Einstein *(ci-contre)* en 1905, cela veut dire que l'espace et le temps sont relatifs et que la simultanéité absolue entre deux événements n'existe pas ou, plutôt, que l'ordre des événements peut être perçu différemment par des observateurs en mouvement relatif. Le mathématicien Hermann Minkowski *(à l'extrême gauche),* considérant le temps comme une quatrième dimension, fut le premier à représenter sous forme graphique ce concept d'espace-temps quadridimensionnel, global et unique.

connu sous le nom de contraction de Lorentz), ou bien le temps se dilater. S'il parvenait, par un jeu d'équations, à montrer que la vitesse de la lumière était une constante absolue, indépendante du mouvement de l'observateur, Einstein provoquerait l'indispensable effondrement des théories de Newton.

Pour Einstein, donc, ce sont les mesures de temps, et non pas la vitesse de la lumière, qui dépendent du mouvement relatif de l'observateur. Ses équations montrèrent que, pour une horloge en mouvement, la dilatation du temps est négligeable si sa vitesse de déplacement est faible mais que l'effet augmente avec cette dernière et devient significatif lorsqu'elle est proche de la vitesse de la lumière — le tic-tac se fait alors plus lent, et l'horloge prend du retard par rapport à une horloge au repos. À un hypothétique observateur se déplaçant à une vitesse proche de celle de la lumière, le temps semblerait s'écouler normalement, mais à chaque heure vécue par lui correspondrait plusieurs années sur Terre. Après son voyage, l'observateur retrouverait, sur Terre, des individus ayant beaucoup plus vieilli que lui.

L'une des implications les plus profondes de la relativité restreinte est l'existence d'un lien si intime entre le temps et l'espace que le premier constitue l'une des dimensions du second. De fait, la vitesse de la lumière étant la mesure de la distance qu'elle parcourt par unité de temps, il devient possible d'associer à toute durée une distance unique, égale au produit de cette durée par la vitesse de la lumière. Le mathématicien allemand et ancien professeur d'Einstein Hermann Minkowski fut le premier à exprimer sous forme graphique cette relation entre espace et temps, et à établir, en 1908, que le temps pouvait être considéré comme l'une des quatre dimensions de l'espace, au même titre que la longueur, la largeur et la hauteur.

La notion nouvelle d'espace-temps de Minkowski, adoptée par Einstein, pouvait être représentée par une dessin en perspective. Un dessin en perspective permet normalement de repérer dans l'espace, en les projetant sur trois axes — x, y, z — des événements tels que les positions successives d'une planète en révolution autour du Soleil. Pour repérer un événement dans le temps, un quatrième axe — t — était nécessaire, ce qui compliquait nettement les choses. Minkowski eut alors l'idée de supprimer l'un des axes liés à l'espace (la hauteur) pour lui substituer celui du temps. Dans ce système de référence, un instant précis apparaissait sous la forme d'un «point d'univers», alors qu'une période de temps était représentée par une «ligne d'univers». Pour pouvoir utiliser la méthode proposée par Minkowski dans le cas d'une planète en orbite — et, donc, représenter la forme de l'orbite dans un espace à deux dimensions, la troisième étant réservée au temps — il fallait que l'orbite fût contenue dans un plan — compromis acceptable puisque les planètes se déplacent pratiquement dans le plan équatorial du Soleil.

LE TEMPS ET LA GRAVITATION

La théorie de la relativité restreinte d'Einstein ne s'appliquait qu'aux corps se déplaçant à des vitesses constantes. Durant les années qui suivirent sa publication, Einstein étudia le problème plus complexe du mouvement accéléré.

C'est alors que son génie se manifesta, inspiré par un événement apparemment banal: la chute d'un de ses voisins du toit de sa maison. Légèrement blessé, l'homme rapporta avec surprise que, au cours de sa chute, il n'avait plus ressenti l'effet de la gravité, observation anodine qui inspira à Einstein ce qu'il appela «la pensée la plus heureuse de ma vie».

Il réalisa en effet que, si l'on considérait un observateur en chute libre (tombant d'un toit, par exemple), le champ de gravité cessait d'exister pour lui et son voisinage immédiat. La force de gravité ne redevenait apparente que lorsque la chute était arrêtée (brutalement, lors du choc avec le sol, ou moins violemment, à l'ouverture d'un parachute). À l'inverse, un observateur enfermé dans une capsule flottant dans l'espace, donc en état d'apesanteur, ressentait l'effet de la gravité dès que la capsule était accélérée (situation imaginée lors d'une expérience de pensée). De telles spéculations conduisirent Einstein à formuler ce qu'il appela le principe d'équivalence, selon lequel gravitation et accélération des corps sont identiques dans leurs effets.

Einstein montra qu'un observateur accéléré voit ses mesures de longueur et de durée affectées par rapport à celles d'un observateur non accéléré. En vertu du principe d'équivalence, un champ gravitationnel a la même influence sur de telles mesures. Une horloge placée à la surface d'une étoile doit, par exemple, battre plus lentement qu'une horloge placée en altitude, cet effet étant, de même que dans le cas d'un mouvement uniforme, négligeable quand la masse de l'étoile est faible mais beaucoup plus important dans le cas d'une étoile très massive.

Cette idée géniale fut à la base de la théorie de la relativité générale, publiée par Einstein en 1915, qui décrit un espace-temps «courbé» par les champs gravitationnels forts et les mouvements accélérés. Les prédictions d'Einstein inspirèrent aux amateurs de science-fiction de fascinants scénarios, mettant en scène des voyageurs de l'espace et leurs jumeaux restés sur Terre. Le voyageur quittait, par exemple, la Terre pour une mission de dix ans et découvrait, à son retour, un frère jumeau vieilli de quarante ans — il s'était déplacé à des vitesses proches de celle de la lumière. De tels scénarios ont tendance à faire oublier les effets combinés des périodes de dilatation temporelle (où la vitesse de déplacement est élevée) et des périodes où l'effet de la gravité l'emporte (quand le voyage s'effectue à des vitesses plus réalistes ou à accélération constante) — le jumeau resté sur Terre vieillit alors moins vite. Le voyageur de l'espace aurait dû, parfois, revenir sur Terre plus vieux de quelques secondes que son frère jumeau.

LA THÉORIE À L'ÉPREUVE

Ce genre d'hypothèses constitua, durant des décennies, le seul champ d'application de la théorie d'Einstein... qui avait encore à être confirmée — mais il fallait pour cela des horloges d'une précision extrême, les plus importants effets relativistes reproductibles expérimentalement mettant en jeu des différences de temps bien trop faibles pour être détectées par les horloges de l'époque. Ce n'est que dans les années 1950 que le développement des

NAVIGATION ET RELATIVITÉ

Les satellites équipés d'horloges atomiques qui prennent en compte les effets de distorsion temporelle de la relativité ont révolutionné la navigation. En appliquant une formule simple — la distance est égale au temps mis par la lumière pour la parcourir multiplié par sa vitesse — les navigateurs d'une navette spatiale peuvent déterminer leur position en calculant le temps que mettent les signaux radio émis par ces satellites pour leur parvenir. Un récepteur capte le signal, codé de façon à donner l'instant précis de l'émission, puis multiplie le temps écoulé par la vitesse des ondes radio (299 792,458 km/s) afin de déterminer à quelle distance il se trouve du satellite. En comparant les valeurs obtenues à partir de trois satellites, ou plus, dont les positions sont connues, les navigateurs peuvent connaître leur propre position.

Pour que le système fonctionne, il faut que les mesures de temps soient extrêmement précises : une erreur d'un millième de seconde implique un écart de 300 km ! Chaque satellite de navigation transporte quatre horloges atomiques — trois de réserve en cas de mauvais fonctionnement. La méthode doit tenir compte des deux facteurs de distorsion temporelle identifiés par Einstein : le champ gravitationnel et le mouvement relatif. Comme le montrent les illustrations ci-contre, plus une horloge est éloignée du centre de gravité de la Terre, plus son rythme s'accélère ; d'autre part, plus sa vitesse orbitale est élevée par rapport à une autre horloge sur Terre, plus elle retarde sur celle-ci.

Nombre de satellites de navigation font le tour de la planète deux fois par jour, de sorte que leurs positions peuvent être contrôlées toutes les douze heures par les stations au sol. La vitesse relative à la Terre fait retarder le temps du satellite sur le temps au sol, mais ce ralentissement est inférieur à l'accélération due au facteur gravité. Pour compenser ces effets, le satellite est programmé de telle sorte que le gain temporel net soit soustrait avant l'envoi des signaux. Les données de chacun des satellites sont ensuite comparées au temps indiqué par une horloge de référence restée sur Terre, et les ajustements nécessaires sont faits pour que tous les satellites restent synchronisés avec le temps au sol.

Une horloge à bord d'un satellite « bat » plus vite que celle restée sur la Terre parce qu'elle est plus éloignée du centre de gravité terrestre. La différence réelle n'est que de quelques millionièmes de seconde par jour, mais, pour les besoins de la démonstration, l'horloge montrée ici affiche une avance de vingt-quatre minutes.

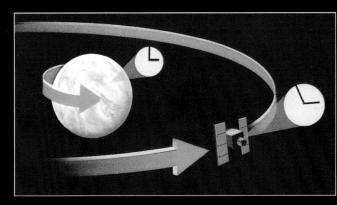

Par un autre phénomène de relativité, le mouvement orbital du satellite *(grande flèche)*, plus rapide que la rotation terrestre *(petite flèche)*, fait retarder l'horloge du satellite par rapport à celle au sol. Exprimé dans la même proportion que l'exemple précédent, le retard de l'horloge en orbite est d'environ quatre minutes.

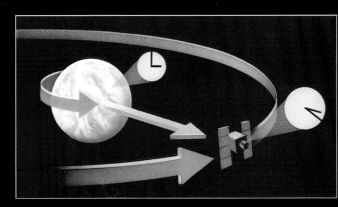

Les effets combinés de la gravité et du mouvement font donc avancer de vingt minutes l'horloge spatiale. L'avance réelle au cours d'une journée, bien que beaucoup plus petite, fausserait les calculs de distance de 11,6 km. En tenant compte de cette distorsion, la navigation à bord du satellite est très précise.

UN PUZZLE
À TROIS DIMENSIONS

En théorie, les navigateurs peuvent faire le point par triangulation, c'est-à-dire en utilisant la distance indiquée par un satellite dans chacune des trois dimensions spatiales. C'est ainsi que, dans le cas d'une navette tournant autour de la Terre, trois mesures — altitude, latitude et longitude — devraient suffire, chaque mesure pouvant être représentée par un plan à deux dimensions, le point d'intersection de ces plans n'étant autre que la position de la navette. En pratique, toutefois, les résultats ne sont jamais aussi nets.

En effet, le chronométrage restera imparfait et la position de la navette approximative si celle-ci n'est pas elle-même équipée d'une horloge atomique synchronisée avec une horloge de référence située au sol. Une solution moins coûteuse consiste à intégrer les données d'un quatrième satellite.

L'horloge de la navette n'étant pas parfaitement synchronisée avec celles des satellites, chaque relevé donne la position du vaisseau non pas dans un plan mais dans une zone dont l'épaisseur correspond à la marge d'erreur de l'horloge de la navette. L'intersection de trois zones semblables (représentées ci-dessous sous forme de disques) détermine une petite région à l'intérieur de laquelle le vaisseau est localisé. Le quatrième relevé sert à compenser l'erreur de synchronisation de la navette : le quatrième plan étant en contact avec l'intersection des trois autres, les mesures deviennent alors assez précises pour déterminer la position exacte du véhicule.

Un satellite en orbite au-dessus d'une navette spatiale lui révèle son altitude. Comme l'horloge de la navette n'est pas synchronisée avec celle du satellite, la mesure prend la forme d'un disque dont l'épaisseur indique la zone des positions possibles.

En ajoutant les données d'un autre satellite, la marge d'erreur se réduit à l'intersection des deux disques *(soulignée en blanc)*. Si le chronométrage était parfait, ces disques seraient sans épaisseur, et se couperaient selon une ligne.

Une troisième mesure restreint la localisation à l'intérieur d'un petit cube *(solide blanc)*. Une quatrième mesure *(à droite)* élimine la marge d'erreur et fournit un point unique.

Pour être efficace à l'échelle planétaire, un système de navigation par satellites doit à chaque instant rester en contact radio avec plusieurs satellites. Le ministère de la Défense des États-Unis a prévu d'achever un tel réseau en 1992, par le lancement du dernier des vingt-quatre satellites de son «Global Positioning System» (GPS). Le réseau offrira une couverture totale grâce à des groupes de quatre satellites gravitant sur six orbites différentes *(ci-dessus)*; à tout

moment un récepteur sera capable de recueillir les données d'au moins six satellites — plus qu'assez pour répondre à tous les besoins. Les récepteurs de l'armée américaine pourront décoder les signaux des satellites jusqu'à la dernière décimale, permettant une résolution des positions de moins de vingt mètres. Pour des raisons de sécurité, les récepteurs civils seront légèrement moins perfectionnés, leur précision étant réduite à une centaine de mètres.

horloges atomiques et des appareils de mesure des fréquences d'émission atomique mit à la disposition des chercheurs des instruments suffisamment précis *(pages 108-109)*. En 1960, un groupe de physiciens de l'université Harvard réalisa, sous la direction de Robert V. Pound et Glen A. Rebka, une expérience au cours de laquelle un rayonnement de fréquence connue fut recueilli par un détecteur placé vingt-deux mètres au-dessus de la source. Les physiciens mesurèrent, entre le point d'émission et le point de réception, une différence de fréquence très faible mais bien réelle, provenant de la variation du champ gravitationnel entre ces deux points. La variation de fréquence observée correspondait aux prédictions d'Einstein à 10 % près. L'expérience fut renouvelée avec des moyens plus importants en 1965, et la variation de fréquence coïncida avec les prédictions d'Einstein à mieux que 1 % près.

En 1971, des scientifiques de l'université Washington, à Saint-Louis, et de l'U.S. Naval Observatory réalisèrent une expérience dont le but était de tester les effets temporels combinés de la gravitation et de la vitesse. Quatre horloges atomiques au césium furent embarquées dans deux avions dont l'un fit le tour du monde d'ouest en est et l'autre en sens inverse. Le temps donné par ces horloges fut comparé à celui donné par des horloges identiques restées au Naval Observatory.

LA VALIDATION

Les chercheurs s'attendaient à ce que, en vertu des effets purement gravitationnels, les horloges embarquées battent plus vite que les horloges restées au sol. Mais cet effet était compensé, dans le cas de l'avion volant vers l'est, par le fait que l'appareil se déplaçait plus vite, dans cette direction, que la Terre dans son mouvement de rotation autour du pôle (donc que les horloges au sol); ce phénomène temporel dû à la vitesse faisait perdre à l'horloge embarquée légèrement plus de temps qu'elle n'en gagnait du fait de la gravité. *A contrario,* l'avion volant vers l'ouest se déplaçait dans la direction opposée au mouvement de rotation de la Terre; l'horloge embarquée devait donc battre plus vite que les horloges au sol. Les résultats de l'expérience confirmèrent ces hypothèses. Le gain temporel réellement obtenu lors du voyage vers l'ouest fut de 273 nanosecondes (milliardièmes de seconde), soit deux nanosecondes de moins que le gain calculé. Pour ce qui était du voyage effectué vers l'est, la perte de temps prédite était de 40 nanosecondes et la perte observée fut de 59 nanosecondes. Ces résultats expérimentaux furent suffisamment proches des prévisions théoriques pour représenter une confirmation des théories restreinte et généralisée de la relativité.

Des confirmations ultérieures vinrent de tests stratosphériques effectués sous la direction de Robert Vessot et Martin Levine (du Smithsonian Astrophysical Laboratory de l'université Harvard), en collaboration avec la NASA. Le 18 juin 1976 fut lancée une fusée qui effectua un vol suborbital avec à son bord une horloge très précise: un maser à hydrogène. Durant les deux heures qu'elle passa dans l'espace avant de retomber dans l'océan, l'horloge vit son tic-tac s'accélérer conformément aux prévisions. Le décalage en fréquence dû au séjour de l'horloge dans une zone de faible gravité fut de 1 hertz pour une fréquence de 1,42 gigahertz, avec une erreur de 0,007 %.

Ces effets minimes mais détectables jouent un rôle important dans les systèmes de navigation par satellites tels que le Global Positioning System *(page 117)*. Les horloges atomiques embarquées à bord de tels satellites en orbite terrestre haute sont programmées de façon à compenser les effets relativistes dus au champ de gravité et au mouvement, permettant ainsi aux utilisateurs à basses altitudes de se localiser avec une précision sans précédent.

Tandis que les expérimentateurs apportaient une précision de plus en plus grande à la vérification des principes de la relativité, les théoriciens pénétraient, sur les traces d'Einstein, dans un monde d'incertitudes. L'une des questions les plus débattues était de savoir si l'univers décrit par Einstein était ouvert ou fermé. Selon l'un des modèles proposés, l'univers avait des dimensions finies, tout en étant sans limites. À l'image d'une sphère, objet géométrique aux dimensions finies sur lequel un voyageur pourrait se déplacer indéfiniment sans rencontrer la moindre frontière, l'univers pouvait n'avoir aucun bord tout en ayant un volume fini. Mais l'analogie avec la sphère n'était pas entièrement satisfaisante, le monde réel décrit par Einstein ayant quatre dimensions, dont une de temps. Rien ne prouvait, de plus, que la «forme» de l'univers n'avait pas évolué au cours du temps.

Les astronomes qui ont analysé le spectre des lointaines galaxies en sont arrivés à la conclusion que la fréquence de la lumière qu'elles émettent est l'objet d'un décalage qui ne peut être expliqué que par le fait que ces galaxies s'éloignent de la Terre à une vitesse uniforme. L'univers est en expansion, ce qui suggère que, dans un passé lointain, le cosmos devait être concentré en un point infiniment dense. Ce point, que Steven Weinberg a comparé au zéro absolu du temps, pourrait être considéré comme le commencement du temps.

En 1976, Martin Levin *(à gauche)* et Robert Vessot, du Smithsonian Astrophysical Observatory, mirent une horloge à maser à bord d'une fusée, afin de tester les prédictions d'Einstein concernant l'influence de la gravité et du mouvement sur le temps. À l'accélération du départ, la fréquence de transition des atomes d'hydrogène du maser sembla ralentir ; à mi-vol, la gravité plus faible produisit une accélération apparente.

Ce serait alors le «big bang», titanesque explosion, qui aurait déclenché l'expansion de l'univers, mettant temps, espace et matière en mouvement.

Que l'écoulement du temps soit lié à l'expansion de l'univers a des conséquences embarrassantes. Certains cosmologistes prédisent en effet que l'univers cessera un jour de se dilater pour connaître une phase de contraction. S'il en est ainsi, le temps changera-t-il de sens? Et les enchaînements de causes et d'effets subiront-ils également cette inversion?

Nombre de phénomènes physiques font intervenir des mouvements périodiques qui seraient insensibles à un renversement du temps — l'orbite d'une planète, le balancement d'un pendule, les échanges d'énergie dans les atomes... : tous ces phénomènes qui seraient inversés si le temps lui-même l'était n'en obéiraient pas moins toujours aux mêmes principes physiques. Mais pour certains autres processus physiques il en irait autrement: ils ne pourraient, si le sens du temps était renversé, exister sans violer les lois de la physique que nous connaissons. Certains scientifiques ont apporté des objections fondamentales à l'idée que la nature puisse, dans une telle hypothèse, remonter le temps d'une façon aussi ordonnée qu'elle le descend actuellement. Au début de ce siècle, l'astronome sir Arthur Eddington insista ainsi sur le sens privilégié de l'écoulement du temps dans la nature (naissance, croissance, déclin et mort) en invoquant l'idée de «flèche du temps». Quelques décennies plus tard, le physicien Roger Penrose élargit la notion d'Eddington en mettant en avant l'universalité de l'entropie, cette tendance de la nature à accroître le désordre, et en en faisant la flèche du temps par excellence: les édifices s'effondrent, le feu s'éteint, la chaleur se dissipe, les éléments radioactifs se désintègrent, les organismes meurent et retournent à la poussière. Imaginer que l'univers puisse, au cours de sa contraction, revivre en sens inverse le cours des événements qu'il a connus lors de sa phase d'expansion constitue la négation la plus absurde de l'entropie. Jour après jour, les corps se reconstitueraient à partir de leurs cendres et tout rajeunirait; les astéroïdes réémergeraient, par exemple, des cratères créés lors de la phase d'expansion, pour retourner se perdre dans l'espace.

L'INCERTITUDE AU RENDEZ-VOUS

Le mathématicien et cosmologiste Stephen Hawking, de l'université de Cambridge, a considéré la possibilité de renverser l'entropie en invoquant la théorie quantique, selon laquelle un observateur ne peut mesurer précisément et simultanément la position et la vitesse d'une particule subatomique, et possède donc un pouvoir de prévision limité sur le comportement ultérieur de celle-ci. Dans ces circonstances, l'observateur ne peut qu'évaluer la probabilité statistique que la particule suive une trajectoire plutôt qu'une autre. Selon Hawking, un scientifique essayant d'imaginer ce qu'il adviendrait d'un événement producteur d'entropie (tel que la chute d'une tasse se brisant sur le sol), si le sens du temps était renversé, est confronté au même problème. Puisque la gravité serait elle aussi renversée, on ne pourrait pas négliger le fait qu'un morceau de la tasse brisée puisse sauter du sol sur la table.

Cependant, pour que la tasse se reforme, il faudrait que chaque morceau suive une trajectoire très précise, prévue d'avance — événement hautement improbable. Hawking en conclut qu'un univers en contraction évoluerait vers un état de grand désordre et que du chaos aurait bien peu de chance d'émerger quelque ordre que ce soit. Le principe d'entropie resterait donc valable dans un univers où le sens du temps aurait été inversé.

Abstraction faite de ses implications sur l'évolution de l'univers, la théorie quantique a une influence immédiate sur la signification du temps et la structure des événements. Le principe d'incertitude menace de renverser l'idée même de causalité et la croyance séculaire des scientifiques en des lois de la nature permettant d'effectuer des mesures objectives et précises — conviction résumée de belle manière par le mathématicien français du XVIIIe siècle Pierre-Simon de Laplace, pour qui le but ultime de la science était de «condenser en une seule formule le mouvement des plus grands corps dans l'univers et celui des plus petits atomes». Pour une intelligence capable de comprendre cette Formule Unique, «rien ne serait incertain»: le futur et le passé seraient tout aussi intelligibles que le présent. Einstein lui-même, dont les théories contribuèrent à introduire la notion d'incertitude en physique, partageait cette croyance en des lois de la nature cohérentes et déterministes. Cependant, la recherche de la Formule qui unifierait les forces fondamentales et expliquerait toute la réalité se heurte à l'axiome quantique selon lequel l'observation d'un processus subatomique affecte le processus lui-même: bombarder des atomes au moyen de particules, comme cela se fait dans les accélérateurs de particules, pour mieux connaître le monde microscopique, modifie inévitablement le mouvement des atomes bombardés — de tels outils observationnels sont si puissants qu'ils altèrent l'objet de leur étude.

Les physiciens quantiques ont, de plus, émis une hypothèse pour le moins déconcertante: on trouverait, à une très petite échelle — au-delà des moyens d'investigation actuels —, des entités fantomatiques appelées particules virtuelles qui surgiraient du néant pour y sombrer immédiatement. Le physicien John Wheeler a même suggéré que cette «mousse quantique évanescente» pourrait exister dans un état si mystérieux que, pour elle, passé, futur, cause ou effet n'auraient aucune signification. Si les scientifiques réussissaient un jour à construire un instrument susceptible de pénétrer cet univers évanescent sans l'altérer, ils ne pourraient de toute façon plus y appliquer les règles conventionnelles de comparaison et de mesure. On pourrait même avoir, pour pouvoir étudier les phénomènes à une échelle aussi infinitésimale, à renoncer purement et simplement à la notion traditionnelle de temps. Dans ses tout premiers instants, à l'échelle la plus infime, dans son état le plus dense, la nature pourrait ne plus avoir ni structure ni causalité.

LES FLÈCHES DU TEMPS

n des faits incontournables de la vie est que le temps s'écoule inexorablement du passé vers le futur: aujourd'hui devient hier, tout comme demain devient aujourd'hui, et, sauf au cinéma, l'action ne peut jamais se dérouler à l'envers. Cette direction à sens unique semble pourtant aller à l'encontre de nombreuses lois gouvernant le comportement de la matière: leur logique mathématique est telle qu'elles sont inchangées par rapport au temps; autrement dit, la direction de celui-ci n'est pas une notion pertinente: rien n'interdit, en théorie, que le temps soit réversible.

Ce fait ne suggère pas que l'univers fasse la distinction entre ces deux directions et, pourtant, il semble bien que le sens passé-futur soit privilégié. En essayant de comprendre pourquoi il en est ainsi, les physiciens ont établi ce qu'on appelle des «flèches du temps», c'est-à-dire des processus qui mettent en évidence cet écoulement à sens unique.

Pour qu'un processus puisse être considéré comme une flèche du temps, il doit fonctionner différemment — ou pas du tout — lorsque le temps est inversé. Bien entendu, puisqu'il n'est pas possible de l'inverser dans la réalité, les scientifiques ont recours à des «expériences de pensée» — comme celles illustrées dans les pages suivantes — dans lesquelles le processus peut se dérouler à l'envers, mentalement ou à l'aide d'un ordinateur, et le résultat être analysé. Poursuivant l'analogie cinématographique, il est mentalement filmé, puis visionné tantôt dans un sens, tantôt dans l'autre. Dans la plupart des cas, il est compréhensible dans les deux sens, c'est-à-dire qu'il est symétrique par rapport au temps. En de rares occasions, cependant, il n'est compréhensible qu'à l'endroit, ou alors il raconte une histoire sensiblement différente quand il passe à l'envers: le processus est donc asymétrique par rapport au temps, ce qui nous guide dans la compréhension de cet écoulement unidirectionnel.

Les lois des mouvements planétaires, découvertes par Johannes Kepler entre 1609 et 1620 et incorporées dans la théorie de la gravitation universelle de Newton en 1687, sont un des nombreux exemples de processus physiques observables qui ne font pas de distinction entre les directions du temps.

Dans le schéma de gauche, le temps s'écoule vers l'avant et les planètes parcourent leur orbite dans le sens direct, celui des aiguilles d'une montre. Dans le schéma de droite, le temps s'écoule à l'envers : les planètes, dont la trajectoire est inversée, gravitent en sens rétrograde, contraire à celui des aiguilles d'une montre, ce qui ne change rien aux lois qui régissent leurs mouvements ; le film de ces mouvements fonctionnerait aussi bien à l'endroit qu'à l'envers. Les lois de la mécanique céleste éludent cette marche en avant.

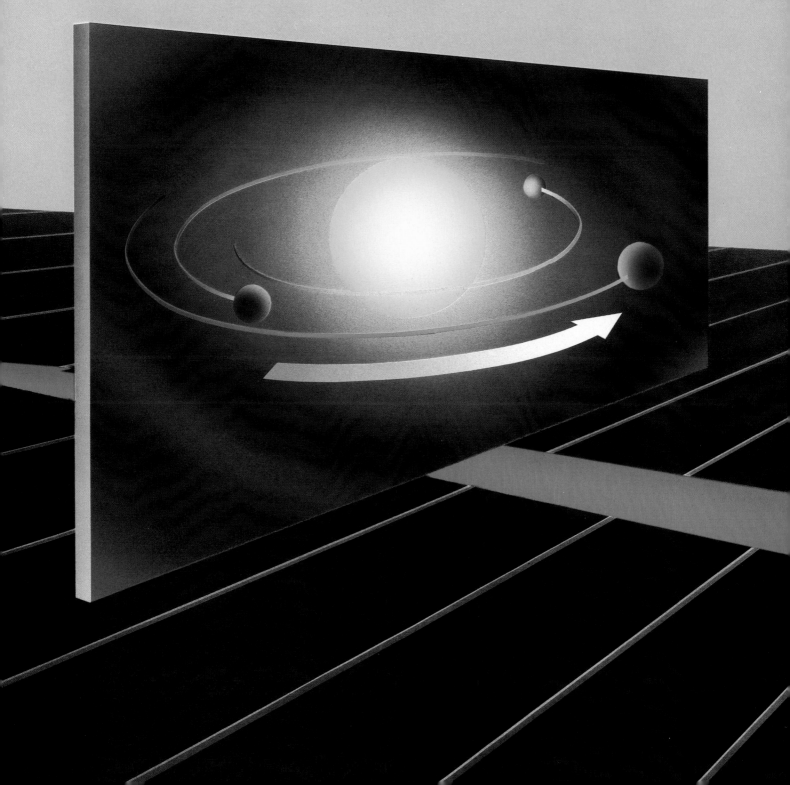

LE POUVOIR
DE L'ENTROPIE

Une clé de l'énigme vient peut-être de ce qui constitue la loi la plus étendue de toute la physique: la seconde loi de la thermodynamique, selon laquelle l'entropie — grandeur qui caractérise le degré de désordre d'un système isolé — ne peut jamais décroître. Cette règle, qui gouverne tous les processus de l'univers, explique par exemple pourquoi les objets brisés ne se recollent jamais spontanément.

Le concept d'entropie est illustré ci-dessous par l'exemple d'une bouteille ouverte pleine de liquide que

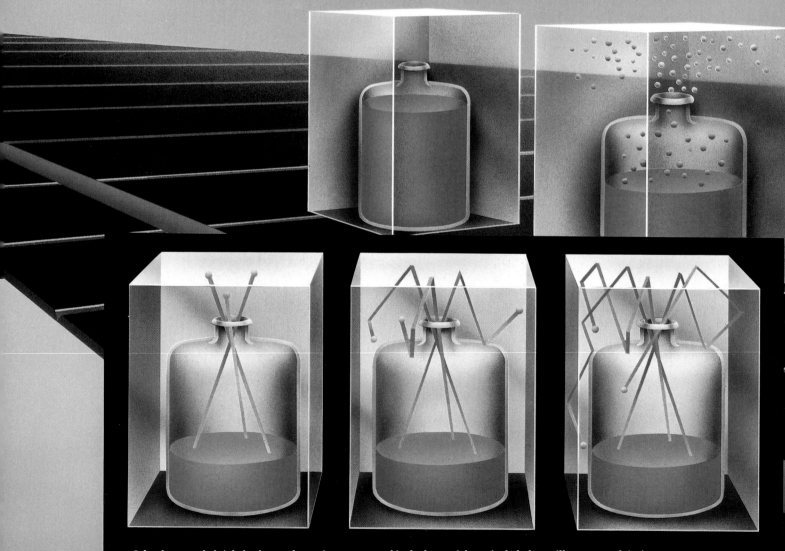

Selon la seconde loi de la thermodynamique, toute molécule de gaz échappée de la bouteille peut, en théorie, y retourner *(ci-dessus),* mais la probabilité pour que toutes les molécules y retournent spontanément est quasi nulle.

l'on a placée dans un vaste récipient étanche. Au cours du temps, le liquide s'évapore : ses molécules s'échappent de la bouteille, se dispersent à l'intérieur du récipient et rebondissent sur ses parois. Quand il s'est entièrement évaporé, les molécules gazeuses occupent tout l'espace — à l'intérieur et à l'extérieur de la bouteille. Leur état est moins ordonné qu'auparavant.

Dans un film où le temps s'écoulerait à l'envers, on verrait le processus inverse : ricochant sur les parois du récipient, les molécules gazeuses retourneraient dans la bouteille, où elles se condenseraient à nouveau en liquide. Or — toujours en vertu de la seconde loi de la thermodynamique — le comportement statistique d'un grand nombre de molécules interdit un tel scénario. Autrement dit, lorsqu'une molécule est considérée individuellement, aucune loi physique ne lui interdit de retrouver son chemin en direction de la bouteille (encadré), mais, quand on considère l'ensemble des molécules, la probabilité pour que toutes retournent dans la bouteille est pratiquement nulle.

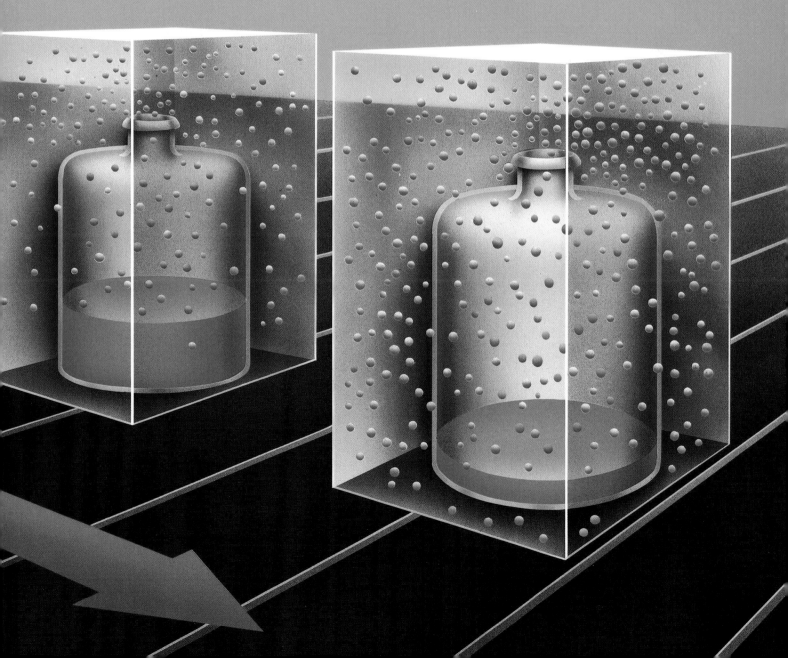

LA FLÈCHE DU TEMPS COSMOLOGIQUE

En observant minutieusement les galaxies, les astrophysiciens de la fin des années 1920 et du début des années 1930 remarquèrent que la plupart d'entre elles s'éloignaient les unes des autres — avec des vitesses qui, dans certains cas, approchaient celle de la lumière. Ils en conclurent non seulement que l'univers est en expansion, mais qu'il commença par être une graine microscopique, infiniment dense. Sous l'effet d'une énorme pression, cet «atome primitif» avait donné naissance à la matière, l'énergie, l'espace et le temps lors d'une formidable explosion, baptisée «big bang», il y a de 15 à 20 millions d'années. Les physiciens pensent que la direction du temps était «inscrite» dans cette explosion. En termes simples, si l'univers se dilate, le temps s'écoule obligatoirement vers l'avant.

L'avenir d'un univers en expansion dépend de la densité de sa masse. Si celle-ci est trop faible, le champ gravitationnel de l'univers ne pourra triompher de l'expansion : celle-ci se poursuivra indéfiniment et le temps ira toujours de l'avant. En revanche, si la densité est supérieure à un certain seuil critique, la force de gravitation stoppera un jour l'expansion et l'univers commencera à se contracter.

Dans ce cas, les physiciens sont partagés au sujet du temps. Pour les uns, la flèche du temps cosmologique sera redéfinie : le temps continuera à s'écouler vers l'avant alors même que l'univers se contractera. Pour d'autres, son cours s'inversera à l'instant même où commencera la contraction, et le cosmos tout entier rejouera son histoire à l'envers. Toutefois, pour les éventuels habitants de cet univers en rétrécissement — dont les processus mentaux, inchangés, fonctionneraient en sens inverse — le temps semblera toujours s'écouler vers l'avant. Ainsi, dans les deux cas, la flèche cosmologique serait bien redéfinie.

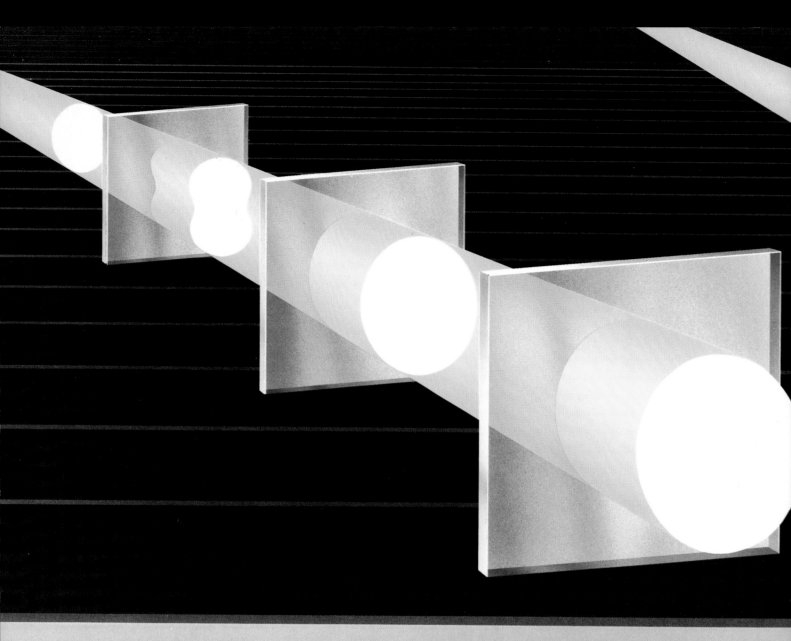

LA SYMÉTRIE DU TEMPS BRISÉE PAR LE KAON

La plus étrange flèche du temps est peut-être associée à l'un des processus les plus obscurs que les physiciens aient jamais étudiés : la désintégration d'une particule appelée kaon neutre *(pages 44-45)*. Pour décrire cette désintégration ou celle d'autres particules subatomiques, on a parfois recours à des images. Ainsi, dans les illustrations ci-dessus, trois lentilles symbolisent une loi fondamentale de symétrie : cette loi est conservée lorsqu'une image (ici, un cercle) projetée à travers une lentille la traverse sans être déformée ; une distorsion indique au contraire qu'elle est violée.

La première loi, dite de conjugaison de charge, stipule qu'il n'y aurait pas de différences observables dans un processus subatomique si toutes les particules étaient remplacées par leurs antiparticules — de même masse, mais de charge opposée. Selon la seconde loi, dite de parité, un observateur ne pourrait pas faire de distinction entre une réaction subatomique et l'image de cette réaction dans un miroir. Enfin, la loi de symétrie temporelle stipule qu'un processus subatomique s'opérerait de façon identique si le cours du temps était inversé.

Le diagramme de gauche montre comment les lois de symétrie sur la charge, la parité et le temps sont satisfaites dans tous les processus de désintégration subatomique, à l'exception de celle du kaon neutre. Il peut arriver que la symétrie de charge ne soit pas conservée, comme l'indique le cercle déformé qui émerge de la première lentille *(à l'extrême gauche)*. Dans ce cas, il y a une violation correspondante et parfaitement compensatoire de la symétrie de parité *(len-*

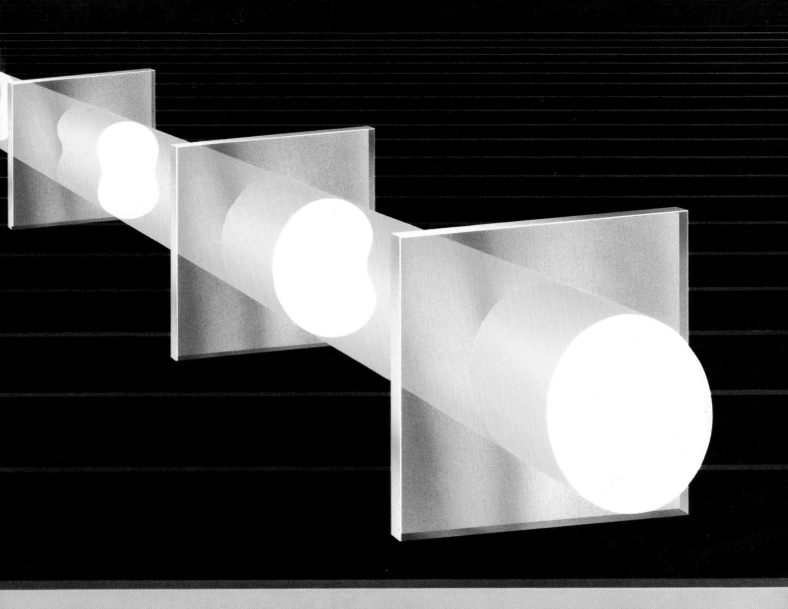

tille du milieu): la forme du cercle est restaurée après la traversée de la seconde lentille. La traversée de la troisième lentille sans aucune altération représente la symétrie temporelle observée dans toutes les réactions ne faisant pas intervenir les kaons.

Le cas singulier de la désintégration du kaon neutre est illustré dans le diagramme de droite. Les physiciens ont découvert que, bien que les symétries de charge et de parité soient toutes deux violées, la seconde ne compense pas complètement la première. Or — et c'est là que réside le problème — le résultat final des expériences est néanmoins le même que celui obtenu pour les autres particules: le cercle émergeant de la troisième lentille n'est pas déformé.

La seule conclusion possible est que, dans le cas du kaon — et contrairement à tous les autres processus connus — une distorsion correctrice doit se produire au passage de la troisième lentille, qui représente la symétrie temporelle; si cette symétrie est violée, cela signifie que le kaon doit se désintégrer d'une façon différente dans un univers à temps inversé.

Bien qu'ils ne sachent pas expliquer comment ni pourquoi la désintégration s'effectue différemment, les physiciens croient que, sans cette dissymétrie temporelle, l'univers présent n'existerait pas. En effet, selon la théorie cosmologique classique, la matière et l'antimatière auraient été créées peu après le «big bang» en quantités strictement égales et auraient dû s'annihiler complètement. Il semble maintenant que l'existence même du cosmos soit due à un léger défaut de symétrie temporelle dans la désintégration d'une particule primordiale hypothétique appelée boson X de Higgs *(pages 46-47).* L'infime excès de matière qui en résulta aurait pu échapper à la grande annihilation primordiale et aurait finalement engendré tout ce qui est aujourd'hui observé dans l'univers.

GLOSSAIRE

Accélérateur de particules: appareil qui communique des vitesses très élevées à des particules chargées; le bombardement d'une cible par ces projectiles permet d'étudier la structure de la matière. Certains d'entre eux peuvent avoir plusieurs kilomètres de long ou de circonférence.

Antimatière: matière constituée d'antiparticules.

Antiparticule: corpuscule de même masse que la particule, mais dont certaines propriétés, telle la charge électrique, sont opposées. Quand l'antiparticule rencontre la particule qui lui correspond, toutes deux s'annihilent mutuellement, leur masse se transformant en énergie.

Atome: la plus petite partie d'un élément chimique qui conserve les propriétés de cet élément; il est formé d'un noyau, de charge positive, autour duquel gravitent des électrons, de charge négative. *Voir aussi* Noyau atomique.

Bosons: particules qui transmettent les interactions; une des deux grandes familles de particules élémentaires. *Voir aussi* Fermions.

Calcul différentiel: partie du calcul infinitésimal qui a pour objet l'étude des variations infiniment petites de quantités variables et de leurs fonctions.

Champ de forces: espace dans lequel s'exerce une force telle que l'électromagnétisme ou la gravitation; il a une valeur précise en tous points de l'espace-temps.

Champ magnétique: zone entourant un aimant, un courant électrique ou une particule chargée dans laquelle s'exerce une force magnétique.

Chromodynamique quantique: théorie qui décrit l'interaction nucléaire, laquelle maintient la cohésion du noyau atomique.

Compactification: processus mathématique permettant de passer des dimensions supplémentaires exigées par certaines théories aux quatre dimensions familières de l'espace-temps.

Constante de Planck: nombre qui joue un rôle fondamental dans les équations de la mécanique quantique; elle est égale au rapport de l'énergie d'un photon à sa fréquence.

Cordes (théorie des): théorie selon laquelle les particules fondamentales sont en fait des cordes unidimensionnelles et infiniment petites, dont les différents modes de vibration correspondent aux divers types de particules.

Cordes hétérotiques (théorie des): modèle qui concilie deux versions de la théorie des cordes, dans lequel les divers types de particules sont produits par deux courants — comparables à des courants électriques — qui circulent en sens opposé le long des cordes fermées.

Couleur: propriété abstraite, sans rapport avec les couleurs visibles ordinaires, qui détermine le comportement des quarks sous l'effet de l'interaction nucléaire faible; cette couleur peut être «bleue», «rouge» ou «verte».

Courant électrique: flux d'électrons parcourant un fil conducteur.

Désintégration bêta: forme de radioactivité dans laquelle un noyau émet des électrons très énergétiques et des antineutrinos.

Désintégration radioactive: *voir* Radioactivité.

Divergences ou solutions infinies: valeurs infinies qui apparaissent dans certaines équations de la mécanique quantique, ce qui donne des solutions indéterminées ou dénuées de sens. *Voir aussi* Renormalisation.

Doppler (effet ou décalage): phénomène ondulatoire dans lequel les ondes sont comprimées à mesure que leur source se rapproche de l'observateur, ce qui augmente leur fréquence, ou sont étirées à mesure que leur source s'éloigne, ce qui diminue leur fréquence.

Électrodynamique quantique (QED): théorie de Paul Dirac qui décrit l'interaction électromagnétique selon les termes de la mécanique quantique.

Électron: particule de charge négative qui gravite autour d'un noyau atomique, mais qui peut exister isolément.

Électronvolt (eV): unité d'énergie pour les particules en mouvement, égale à l'énergie cinétique acquise par un électron dans un champ électrique sous l'effet d'une différence de potentiel de 1 volt.

Entropie: grandeur qui, en thermodynamique, permet d'évaluer la dégradation de l'énergie d'un système; celle-ci se traduit par un état de désordre croissant de la matière.

Espace-temps: référentiel à quatre dimensions pour la description de l'univers — trois spatiales et une temporelle — où les quatre paramètres sont nécessaires pour déterminer totalement un phénomène.

Éther: substance hypothétique qui, pensait-on autrefois, servait de support à la propagation des ondes dans l'espace.

Expérience de pensée: suite d'événements imaginaires simplifiés, impossible à matérialiser, dans laquelle on utilise le seul raisonnement logique pour prédire un résultat.

Fermions: particules de matière ou d'antimatière; l'une des deux grandes familles de particules élémentaires. *Voir aussi* Bosons.

Feuillet d'univers: surface balayée par une corde dans son déplacement spatio-temporel; chacun de ses points peut être décrit par deux nombres, l'un spécifiant la position du point sur la corde et l'autre le temps.

Fluctuations quantiques: variations d'énergie au niveau subatomique, qui permet l'apparition de particules virtuelles à partir du vide.

Force: *voir* Interaction.

Fréquence: nombre de périodes d'une onde par seconde; on la mesure en hertz. *Voir aussi* Longueur d'onde *et* Période.

GeV: symbole du gigaélectronvolt, valant un milliard d'électronvolts.

Gluon: particule médiatrice de l'interaction forte qui lie les quarks entre eux; il y a huit types de gluons.

Gravitation: interaction universelle qui s'exerce entre les objets célestes; la force de gravitation entre deux corps est proportionnelle à leur masse et inversement proportionnelle au carré de leur distance.

Gravité: attraction exercée sur un corps par la Terre (pesanteur) ou par tout autre objet céleste.

Graviton: selon la théorie, boson qui transmet l'interaction gravitationnelle; son existence n'a pas encore été confirmée expérimentalement.

GUT: *voir* Théories de grande unification.

Hadrons: particules élémentaires associées à l'interaction nucléaire forte. Il y a deux classes de hadrons: les mésons, qui ont un spin entier ou nul, et les baryons, qui ont un spin fractionnaire; tous sont composés de quarks.

Hertz (Hz): unité de fréquence; c'est celle d'une onde dont la période est de 1 seconde. Le mégahertz (MHz) vaut un million de hertz, et le gigahertz (GHz) en vaut un milliard.

Interaction: force s'exerçant entre des particules élémentaires par l'intermédiaire d'un champ et s'exprimant par l'émission ou l'absorption de quanta — ou bosons — de ce champ. Les quatre grandes forces connues sont les interactions gravitationnelle, électromagnétique, nucléaire forte et nucléaire faible. *Voir aussi* Champ de forces.

Interaction électrofaible: force dans laquelle l'électromagnétisme et l'interaction nucléaire faible sont unifiés; elle ne peut se manifester qu'aux très hautes énergies.

Interaction électromagnétique: interaction qui fait intervenir des photons réels ou virtuels; beaucoup moins intense que l'interaction nucléaire forte, elle a une portée infinie.

Interaction électronucléaire: selon les théories de grande unification, force dans laquelle l'électromagnétisme et les interactions nucléaires faible et forte sont unifiés; elle ne peut se manifester qu'aux énergies extrêmement élevées de l'univers primitif.

Interaction gravitationnelle: interaction qui s'exerce entre les corps célestes; beaucoup moins intense que l'interaction nucléaire faible, mais de portée infinie, son importance vient des masses sur lesquelles elle agit.

Interaction nucléaire faible: interaction responsable de la désintégration de certaines particules et de la radioactivité bêta; de très courte portée, elle est des dizaines de milliards de fois moins intense que l'interaction nucléaire forte.

Interaction nucléaire forte: interaction très intense, mais de très courte portée, qui lie les quarks au sein de particules composites et maintient la cohésion des protons et des neutrons dans les noyaux atomiques.

Ion: atome qui, ayant perdu ou gagné un ou plusieurs électrons, est chargé électriquement.

Jauge (théories de): théories qui modélisent les forces en termes de conservation de symétries. *Voir aussi* Symétrie.

Laser: mot formé par les initiales de «light amplification by stimulated emission of radiation» (amplification de lumière par émission stimulée de radiation) et qui désigne un appareil produisant des faisceaux de lumière dite cohérente dont toutes les longueurs d'onde ont la même phase et les photons la même énergie.

Leptons: particules de la famille des fermions, associées à l'interaction nucléaire faible; ils comprennent les électrons, les neutrinos, les muons et les taus.

Longueur d'onde: distance entre deux crêtes ou deux creux successifs d'une onde, électromagnétique ou autre; plus la longueur d'onde est grande, plus la fréquence est faible.

Lumière: partie visible du rayonnement électromagnétique; on utilise parfois le mot lumière pour désigner l'ensemble de ce rayonnement, comme dans l'expression «vitesse de la lumière», qui est en réalité la vitesse de toutes les formes du rayonnement électromagnétique, à savoir 299 792,458 km/s, soit un peu plus de 1 079 millions de kilomètres/heure.

Maser: mot formé par les initiales de «microwave amplification by stimulated emission of radiation» (amplification de micro-ondes par émission stimulée de radiation). Il désigne un appareil permettant d'obtenir un faisceau d'ondes radioélectriques ultra-courtes de forte intensité qui a été amplifié par le rayonnement de molécules changeant de niveau d'énergie.

Masse: grandeur physique donnant l'idée de la «quantité de matière» que contient un corps, déterminée par la gravité du corps ou par sa tendance à conserver son mouvement.

Mécanique quantique: description mathématique des interactions entre les particules, de leurs combinaisons et de leurs désintégrations. *Voir aussi* Quanta.

Micro-onde: onde radioélectrique ultra-courte dont la longueur est comprise entre 1 m et 1 mm.

Neutrino: particule neutre de masse nulle ou infinitésimale, de la classe des leptons, qui se déplace à une vitesse proche de celle de la lumière. *Voir aussi* Leptons.

Neutron: particule neutre, constituée de trois quarks, de même masse que le proton; se trouve normalement avec lui dans le noyau atomique.

Noyau atomique: partie centrale d'un atome, rassemblant presque toute sa masse, composée de protons et de neutrons; le nombre de protons détermine l'identité de l'atome. *Voir aussi* Atome.

Parallaxe: déplacement de la position apparente d'un astre dans le ciel, dû à un changement de position de l'observateur. Mesurée en secondes d'arc à six mois d'intervalle (la Terre se trouvant alors en deux points opposés de son orbite), la parallaxe annuelle permet de déterminer la distance d'une étoile proche.

Parité: forme de symétrie, de type miroir, dans laquelle les propriétés d'un système ne changent pas lorsqu'on inverse les coordonnées spatiales, c'est-à-dire lorsqu'on échange le haut et le bas, l'avant et l'arrière ou la droite et la gauche.

Particules chargées: particules élémentaires dotées d'une charge électrique, telles que le proton et l'électron dont les charges, respectivement positive et négative, s'annulent au sein de l'atome.

Particules élémentaires: les plus petits composants de la matière; on qualifie ainsi celles qui constituent les atomes, d'une part, et celles par l'intermédiaire desquelles s'exercent les interactions fondamentales de la nature.

Particules virtuelles: particules qui apparaissent spontanément dans l'espace — comme les photons virtuels, agents de l'interaction électromagnétique — ou qui sont produites lors de chocs entre particules; elles ont une durée de vie si brève qu'on ne peut les observer directement et sont ainsi appelées pour les distinguer des particules observables.

Période: pour une onde, intervalle de temps entre deux crêtes ou deux creux successifs en un point donné.

Photon: quantum ou «grain» d'énergie associé à une onde électromagnétique, de charge et de masse au repos nulles, se déplaçant à la vitesse de la lumière.

Photons virtuels: *voir* Particules virtuelles.

Pions: nom donné aux mésons pi, particules participant à l'interaction nucléaire forte.

Positon: antiparticule de l'électron, de même masse, mais de charge électrique positive.

Principe d'incertitude d'Heisenberg: principe selon lequel on peut déterminer avec précision soit la position d'une particule, soit sa quantité de mouvement, mais jamais les deux en même temps, car le fait même de l'observer perturbe son comportement.

Proton: particule de charge positive constituée de trois quarks, entrant dans la composition du noyau atomique; sa masse vaut 1 836 fois celle de l'électron.

QED: *voir* Électrodynamique quantique.

Quanta: pluriel du mot latin «quantum», signifiant quantité déterminée. La théorie des quanta est l'ensemble des règles de calculs issu de l'hypothèse des quanta d'énergie de Planck, à savoir que les transferts d'énergie s'effectuent de façon discrète, c'est-à-dire discontinue, mettant en jeu des quantités finies d'énergie, appelées quanta; le rayonnement transporte ces quanta ou «grains d'énergie».

Quarks: particules fondamentales qui se combinent pour former tous les hadrons: protons, neutrons et mésons. Il en existe six variétés ou «saveurs», chacune d'elles ayant une «couleur». *Voir aussi* Couleur *et* Saveur.

Radioactivité: propriété que possèdent certains atomes de se transformer, par désintégration de leur noyau, en d'autres atomes. Cette permutation s'accompagne de rayonnements.

Rayonnement électromagnétique: ondes d'énergie électrique et magnétique allant des ondes radioélectriques aux rayons gamma en passant par la lumière blanche, seul rayonnement visible, composée des sept couleurs de l'arc-en-ciel.

Rayonnement gamma: forme la plus énergétique du rayonnement électromagnétique, ayant les fréquences les plus élevées et donc les plus petites longueurs d'onde.

Rayonnement radioélectrique: forme la moins énergétique du rayonnement électromagnétique; ses ondes, appelées aussi ondes hertziennes, vont des ondes millimétriques aux grandes kilométriques.

Rayons cosmiques: noyaux atomiques ou autres particules chargées se déplaçant à une vitesse proche de celle de la lumière; on pense qu'ils sont émis par les supernovae et autres phénomènes célestes violents.

Relativité générale: théorie unitaire dans laquelle la gravitation est interprétée comme une déformation — une «courbure» — de l'espace-temps; elle rend compte des effets de l'accélération et de la gravitation sur le mouvement des corps et la structure observée de l'espace et du temps.

Relativité restreinte: théorie postulant que les observateurs animés d'un mouvement uniforme ne peuvent percevoir leur mouvement et que la vitesse de la lumière est la même pour tous ces observateurs; il résulte de ces deux principes que les mesures de distance, de temps et de masse varient en fonction de la vitesse de l'observateur par rapport à l'objet mesuré.

Renormalisation: procédé mathématique redéfinissant la masse et la charge des particules élémentaires de façon à éviter l'apparition de valeurs infinies dans certaines équations de la mécanique quantique. *Voir aussi* Divergences.

Saut quantique: phénomène subatomique au cours duquel une particule disparaît à un endroit et apparaît à un autre sans avoir traversé l'espace qui les sépare.

Saveurs: désignent les différents types de quarks — étrange, charm, top, bottom, up et down — différant les uns des autres par un de leurs caractères, tels que la charge ou le spin.

Spin: une des propriétés fondamentales des particules élémentaires décrivant leur état de rotation; il ne peut avoir que certaines valeurs, égales à un nombre entier ou semi-entier de fois la constante de Planck.

Supercordes: version supersymétrique, dans laquelle celles-ci seraient des circuits fermés en forme de boucles. *Voir aussi* Cordes.

Supersymétrie: théorie de physique des particules selon laquelle chaque type de fermion ou de boson possède une particule symétrique qui n'en diffère que par son spin.

Symétrie: invariance d'une ou plusieurs propriétés d'un système physique quand celui-ci subit des transformations; l'étude d'une symétrie fait apparaître une loi de conservation de ces propriétés.

Théories de grande unification (GUT): théories visant à unifier l'électromagnétisme et les interactions» nucléaires forte et faible en une seule grande force électronucléaire.

Topologie: branche des mathématiques qui étudie les déformations continues en géométrie et les rapports entre la théorie des surfaces et l'analyse mathématique.

Transition: changement de niveau d'énergie d'un électron, d'un atome ou d'une molécule qui s'effectue par l'émission ou l'absorption de photons.

Vitesse de la lumière: *voir* Lumière.

Vitesse relativiste: vitesse d'un mobile proche de celle de la lumière et à laquelle les variations de temps, de longueur et de masse deviennent perceptibles à des observateurs en mouvement relatif par rapport au mobile.

BIBLIOGRAPHIE

Livres

Abbott, Edwin A. *Flatland: A Romance of Many Dimensions.* New York: Dover Publications, 1952.

Alexander, H. G.. *The Leibniz-Clarke Correspondence.* Manchester, Angleterre: Manchester University Press, 1956.

Andrews, William, et Seth Atwood. *The Time Museum: An Introduction.* Rockford, Illinois: The Time Museum, 1983.

Asimov, Isaac. *Asimov's Biographical Encyclopedia of Science and Technology* (2d éd. révisée). New York: Doubleday, 1982.

Bronowski, J. *The Ascent of Man.* Boston: Little, Brown, 1973.

Bruton, Eric. *Dictionary of Clocks and Watches.* New York: Archer House, 1963.

Butler, S. T., et H. Messel. *Time.* Oxford, Angleterre: Pergamon Press, 1965.

Calder, Nigel. *Einstein's Universe.* New York: Penguin Books, 1979.

Čapek, Milič. *The Concepts of Space and Time: Their Structure and Their Development.* Dordrecht, Pays-Bas: D. Reidel, 1976.

Close, Frank, Michael Marten et Christine Sutton. *The Particle Explosion.* New York: Oxford University Press, 1987.

Cohen, I. Bernard:
The Birth of a New Physics. New York: W. Norton, 1985.
Revolution in Science. Cambridge, Massachusetts: The Belknap Press of Harvard University Press, 1985.

Coleman, Lesley. *A Book of Time.* New York: Thomas Nelson, 1971.

Considine, Douglas M., Jr., et Glenn D. Considine. *Van Nostrand's Scientific Encyclopedia* (7ème éd.). New York: Van Nostrand Reinhold, 1989.

La physique du cosmos (Collection «Voyage à travers l'univers»). Alexandria, Virginie: Time-Life Books, 1988.

Cowan, Harrison J. *Time and Its Measurement: From the*

Stone Age to the Nuclear Age. Cleveland: World Publishing, 1958.

Crease, Robert P., et Charles C. Mann. *The Second Creation: Makers of the Revolution in Twentieth-Century Physics.* New York: MacMillan, 1986.

Davies, Paul C. W. *The Forces of Nature.* Cambridge, Angleterre: Cambridge University Press, 1979.

Davies, Paul C. W.. *The New Physics.* Cambridge, Angleterre: Cambridge University Press, 1989.

Davies, Paul C. W., et Julian Brown. *Superstrings: A Theory of Everything?* Cambridge, Angleterre: Cambridge University Press, 1988.

Duncan, Ronald, et Miranda Weston-Smith. *The Encyclopaedia of Ignorance: Everything You Ever Wanted to Know about the Unknown.* Oxford, Angleterre: Pergamon Press, 1977.

Everitt, C. W. F. *James Clerk Maxwell: Physicist and Natural Philosopher.* New York: Charles Scribner's Sons, 1975.

Fagg, Lawrence W. *Two Faces of Time.* Wheaton, Illinois: The Theosophical Publishing House, 1985.

Ferris, Timothy. *Coming of Age in the Milky Way.* New York: Doubleday, 1988.

Feynman, Richard P. *QED: The Strange Theory of Light and Matter.* Princeton: Princeton University Press, 1985.

Feynman, Richard P., Robert B. Leighton et Matthew Sands. *The Feynman Lectures on Physics.* Reading, Massachusetts: Addison-Wesley, 1965.

Flood, Raymond, et Michael Lockwood. *The Nature of Time.* Oxford, Angleterre: Basil Blackwell, 1986.

Foster, B., et P. H. Fowler. *40 Years of Particle Physics.* Bristol, Angleterre: Adam Hilger, 1988.

Fritzsch, Harald. *Quarks: The Stuff of Matter.* New York: Basic Books, 1983.

Gardner, Martin. *The New Ambidextrous Universe* (3ème éd. révisée). New York: W. H. Freeman, 1990.

Gillispie, Charles Coulston. *Dictionary of Scientific Biography* (Vol. 11). New York: Charles Scribner's Sons, 1980.

Goudsmit, Samuel A., et Robert Claiborne. *Time.* New York: Time, 1966.

Gray, H. J., et Alan Isaacs. *A New Dictionary of Physics.* London: Longman, 1975.

Green, Michael B., John H. Schwarz et Edward Witten. *Superstring Theory.* Cambridge, Angleterre: Cambridge University Press, 1987.

Gross, David. *Unified Theories of Everything.* Naples: Nella Sede Dell'Istituto, 1989.

Hawking, Stephen W. *A Brief History of Time: From the Big Bang to Black Holes.* New York: Bantam Books, 1988.

Hurn, Jeff. *GPS: A Guide to the Next Utility.* Sunnyvale, Californie: Trimble Navigation, 1989.

Isham, C. J., R. Penrose et D. W. Sciama. *Quantum Gravity 2: A Second Oxford Symposium.* Oxford, Angleterre: Clarendon Press, 1981.

Jespersen, James, et Jane Fitz-Randolph. *From Sundials to Atomic Clocks: Understanding Time and Frequency.* New York: Dover, 1982.

Kaku, Michio. *Introduction to Superstrings.* New York: Springer-Verlag, 1988.

Kaku, Michio, et Jennifer Trainer. *Beyond Einstein: The Cosmic Quest for the Theory of the Universe.* New York: Bantam Books, 1987.

Kaufman, William J. *Universe.* New York: W. H. Freeman, 1985.

Kursunoglu, Behram N., et Eugene P. Wigner. *Reminiscences about a Great Physicist: Paul Adrien Maurice Dirac.* Cambridge, Angleterre: Cambridge University Press, 1987.

Landes, David S. *Revolution in Time.* Cambridge, Massachusetts: The Belknap Press of Harvard University Press, 1983.

Laustsen, Sven, Claus Madsen et Richard M. West. *Exploring the Southern Sky: A Pictorial Atlas from the European Southern Observatory (ESO).* New York: Springer-Verlag, 1987.

Lederman, Leon M., et David N. Schramm. *From Quarks to the Cosmos: Tools of Discovery.* New York: Scientific American Library, 1989.

Longair, M. S. *Theoretical Concepts in Physics: An Alternative View of Theoretical Reasoning in Physics for Final-Year Undergraduates.* Cambridge, Angleterre: Cambridge University Press, 1984.

Lorentz, H. A. (sous la direction de). *The Principle of Relativity: A Collection of Original Memoirs on the Special and General Theory of Relativity.* Traduit par W. Perrett and G. B. Jeffery. London: Methuen, 1923.

MacDonald, D. K. C. *Faraday, Maxwell, and Kelvin.* New York: Doubleday, 1964.

Magill, Frank N.. *The Great Scientists.* Danbury, Connecticut: Grolier Educational, 1989.

Marshall, Roy K. *Sundials.* New York: MacMillan, 1963.

Mauldin, John H. *Particles in Nature: The Chronological Discovery of the New Physics.* Blue Ridge Summit, Pennsylvanie: TAB Books, 1986.

Millikan, Robert A. (sous la direction de). *Time and Its Mysteries.* New York: New York University Press, 1936.

Mook, Delo E., et Thomas Vargish. *Inside Relativity.* Princeton: Princeton University Press, 1987.

Morris, Richard. *Time's Arrows: Scientific Attitudes toward Time.* New York: Simon and Schuster, 1985.

Newton, David E. *Particle Accelerators: From the Cyclotron to the Super-Conducting Super Collider.* New York: Franklin Watts, 1989.

Parker, Barry:
Einstein's Dream: The Search for a Unified Theory of the Universe. New York: Plenum Press, 1986.
Search for a Supertheory: From Atoms to Superstrings. New York: Plenum Press, 1987.

Peat, F. David *Superstrings and the Search for the Theory of Everything.* Chicago: Contemporary Books, 1988.

Schwarz, John H.. *Superstrings: The First 15 Years of Superstring Theory (Vol. 1).* Philadelphie: World Scientific, 1985.

Seeger, Raymond J. *Men of Physics: Galileo Galilei, His Life and His Works.* Londres: Pergamon Press, 1966.

Segrè, Emilio. *Enrico Fermi: Physicist.* Chicago: The University of Chicago Press, 1970.

Shallis, Michael. *On Time: An Investigation into Scientific Knowledge and Human Experience.* New York: Schocken Books, 1983.

Smith, Alan. *The International Dictionary of Clocks.* New York: Exeter Books, 1984.

Snow, C. P. *The Physicists.* Boston: Little, Brown, 1981.

Sobel, Michael I. *Light.* Chicago: The University of Chicago Press, 1987.

Taylor, Edwin F., et John Archibald Wheeler. *Spacetime*

Physics. San Francisco: W. H. Freeman, 1963.

Tolstoy, Ivan. *James Clerk Maxwell: A Biography.* Chicago: The University of Chicago Press, 1981.

Trefil, James S. *From Atoms to Quarks: An Introduction to the Strange World of Particle Physics.* New York: Charles Scribner's Sons, 1980.

Turner, A. J. *The Time Museum: Time Measuring Instruments.* Rockford, Illinois: The Time Museum, 1984.

Vanier, Jacques, et Claude Audoin. *The Quantum Physics of Atomic Frequency Standards* (Vol. 2). Bristol, Angleterre: Adam Hilger, 1989.

Wheeler, John Archibald. *The Journey into Gravity and Spacetime.* New York: Scientific American Library, 1990.

Whitrow, G. J.:
The Natural Philosophy of Time (2d éd.). Oxford, Angleterre: Clarendon Press, 1980.
The Nature of Time. New York: Holt, Rinehart and Winston, 1972.

Wilczek, Frank, et Betsy Devine. *Longing for the Harmonies: Themes and Variations from Modern Physics.* New York: W. W. Norton, 1988.

Will, Clifford M. *Was Einstein Right? Putting General Relativity to the Test.* New York: Basic Books, 1986.

Wolf, Fred Alan. *Parallel Universes: The Search for Other Worlds.* New York: Simon and Schuster, 1988.

Périodiques

Adair, Robert K. "A Flaw in a Universal Mirror." *Scientific American,* février 1988.

"Atom Time." *Time,* 17 janvier 1949.

Bollinger, John J., et David J. Wineland. "Microplasmas." *Scientific American,* janvier 1990.

Boslough, John.:
"The Enigma of Time." *National Geographic,* mars 1990.
"Searching for the Secrets of Gravity." *National Geographic,* mai 1989.
"Worlds within the Atom." *National Geographic,* mai 1985.

Boyer, Timothy H. "The Classical Vacuum." *Scientific American,* août 1985.

Chanowitz, M. S. "The Z Boson." *Science,* 6 juillet 1990.

Cole, K. C. "A Theory of Everything." *New York Times Magazine,* 18 octobre 1987.

Datta, A. "CP-Violation." *2001,* février 1990.

Davies, Paul C. W.:
"Matter-Antimatter." *Sky & Telescope,* mars 1990.
"Particle Physics for Everybody." *Sky & Telescope,* décembre 1987.

DeWitt, Bryce S. "Quantum Gravity." *Scientific American,* décembre 1983.

Feldman, Gary J., et Jack Steinberger. "The Number of Families of Matter." *Scientific American,* février 1991.

Forman, Paul. "Atomichron®: The Atomic Clock from Concept to Commercial Product." *: Compte-rendus IEEE,* juillet 1985.

Forward, Robert L. "Spinning New Realities." *Science 80,* décembre 1980.

Freedman, Daniel Z., et Peter van Nieuwenhuizen:
"The Hidden Dimensions of Spacetime." *Scientific American,* mars 1985.
"Supergravity and the Unification of the Laws of Physics." *Scientific American,* février 1978.

"A Giant LEP for Mankind." *Economist,* 19 août 1989.

Ginsparg, Paul, et Sheldon Glashow. "Desperately Seeking Superstrings?" *Physics Today,* mai 1986.

Glashow, Sheldon. "Quarks with Color and Flavor." *Scientific American,* octobre 1975.

Goldman, Terry, Richard J. Hughes et Michael Martin Nieto. "Gravity and Antimatter." *Scientific American,* mars 1988.

Green, Michael B:
"Superstrings." *Scientific American,* septembre 1986.
"Unification of Forces and Particles in Superstring Theories." *Nature,* 4 avril 1985.

Hawking, Stephen W.:
"The Direction of Time." *New Scientist,* 9 juillet 1987.
"The Edge of Spacetime." *American Scientist,* juillet-août 1984.

Jackson, J. David, Maury Tigner et Stanley Wojcicki. "The Superconducting Supercollider." *Scientific American,* mars 1986.

Jennings, D. A. (sous la direction de). "The Continuity of the Meter: The Redefinition of the Meter and the Speed of Visible Light." *Journal of Research of the National Bureau of Standards,* janvier-février 1987.

Langacker, Paul, et Alfred K. Mann. "The Unification of Electromagnetism with the Weak Force." *Physics Today,* décembre 1989.

Layzer, David. "The Arrow of Time." *Scientific American,* décembre 1975.

Lemonick, Michael D. "The Ultimate Quest." *Time,* 16 avril 1990.

Lipken, Richard:
"Telling Time." *Insight on the News,* 9 juillet 1990.
"The Timekeepers." *Insight on the News,* 9 juillet 1990.

Morrison, Philip. "The Overthrow of Parity." *Scientific American,* avril 1957.

Moyer, Albert E. "Michelson in 1887." *Physics Today,* mai 1987.

Myers, Stephen, et Emilio Picasso. "The LEP Collider." *Scientific American,* juillet 1990.

Odenwald, Sten:
"The Planck Era." *Astronomy,* mars 1984.
"To the Big Bang and Beyond." *Astronomy,* mai 1987.

Penrose, Roger. "Twisting Round Space-Time." *New Scientist,* 31 mai 1979.

Peterson, Ivars. "A Different Dimension." *Science News,* 27 mai 1989.

Quigg, Chris. "Elementary Particles and Forces." *Scientific American,* avril 1985.

Rees, John R. "The Stanford Linear Collider." *Scientific American,* octobre 1989.

Rothman, Tony. "The Seven Arrows of Time." *Discover,* février 1987.

Schwarz, John H:
"Completing Einstein." *Science 85,* novembre 1985.
"Resuscitating Superstring Theory." *The Scientist,* 16 novembre 1987.
"Superstrings." *Physics Today,* novembre 1987.

Schwarzschild, Bertram M.:
"Anomaly Cancellation Launches Superstring Bandwagon." *Physics Today,* juillet 1985.
"CERN Experiment Clarifies Origin of CP Symmetry Violation." *Physics Today,* octobre 1988.

Schwinger, Julian. "A Path to Quantum Electrodynamics." *Physics Today,* février 1989.

Taubes, Gary:

"Detecting Next to Nothing." *Science 85,* mai 1985.

"Everything's Now Tied To Strings." *Discover,* novembre 1986.

Thomsen, Dietrick E. "Kaluza-Klein : The Koenigsberg Connection." *Science News,* 7 juillet 1984.

Trefil, James S. "Beyond the Quark." *The New York Times Magazine,* 30 avril 1989.

Treiman, S. B. "The Weak Interactions." *Scientific American,* mars 1959.

Tryon, Edward P. "Is the Universe a Vacuum Fluctuation?" *Nature,* 14 décembre 1973.

Vessot, R. F. C., et M. W. Levine. "A Test of the Equivalence Principle Using a Space-Borne Clock." *General Relativity and Gravitation,* février 1979.

Wells, David, et Alfred Kleusberg. "GPS : A Multipurpose System." *GPS World,* janvier-février 1990.

Wigner, Eugene P. "Violations of Symmetry in Physics." *Scientific American,* décembre 1965.

Wilczek, Frank. "The Cosmic Asymmetry Between Matter and Antimatter." *Scientific American,* décembre 1980.

Wineland, David J., et Wayne M. Itano. "Laser Cooling." *Physics Today,* juin 1987.

Autres sources

Ashby, Neil. "A Tutorial on Relativistic Effects in the Global Positioning System." Contrat NIST N° 40RANB9B8112, Department of Physics, University of Colorado, Boulder, février 1990.

Goldman, David T., et R. J. Bell. *The International System of Units (SI).* Washington : U.S. Government Printing Office, 1986.

Thompson, Steven D. *Everyman's Guide to Satellite Navigation.* Washington : ARINC Research, 1985.

INDEX

REMERCIEMENTS

Les éditeurs remercient Karon L. Anderson, The Time Museum, Rockford, Illinois; Michael S. Chanowitz, Lawrence Berkeley Laboratory, Berkeley, Californie; Bryce DeWitt, University of Texas, Austin; Robert Drullinger, National Institute of Standards and Technology, Boulder, Colorado; Val Fitch, Princeton University, Princeton, New Jersey; Terry Goldman, Los Alamos National Laboratories, Los Alamos, Nouveau-Mexique; David Gross, Princeton University, Princeton, New Jersey; Rolf Krauss, Ägyptisches Museum, Berlin, Allemagne Dorothy A. Mastricola, The Time Museum, Rockford, Illinois; Jacques-Clair Noens, observatoire du Pic-du-Midi; John H. Schwarz, California Institute of Technology, Pasadena, Californie; Lee Smollen, Syracuse University, Syracuse; Robert Switzer, Mathematisches Institut, Universität Göttingen, Allemagne; Marie-Josée Vin, observatoire de Haute-Provence; Fred L. Walls, National Institute of Standards and Technology, Boulder, Colorado; Julius Wess, Sektion Physik, Universität Munchen, Munich, Allemagne; Richard M. West, European Southern Observatory, Munich, Allemagne; David J. Wineland, National Institute of Standards and Technology, Boulder, Colorado; Bryant Winn, Aerospace Corporation, El Segundo, Californie; Bruce Winstein, University of Chicago, Illinois.

SOURCES DES ILLUSTRATIONS

Les sources des illustrations de cet ouvrage sont indiquées ci-dessous. De gauche à droite, elles sont séparées par des points-virgules et de haut en bas par des tirets.

Couverture: Illustration de Lawrence Berkeley Laboratory/Science Photo Library, Londres. Première et dernière pages: Illustration Time-Life Books. 6, 7: David Parker/SPL/Photo Researchers. 8: Lettrine, détail des pages 6, 7. 9: Reproduit avec l'aimable autorisation de Sa Majesté la Reine. 11: Smithsonian Institution, Pic. No. 78-1831; The Master and Fellows of Peterhouse, Cambridge. 13-16: Illustration de Yvonne Gensurowsky. 21: The Bettmann Archive. 22, 23: Enrico Persico, avec l'aimable autorisation de Rosa Segre; Segre Collection, AIP Niels Bohr Library. 24: C. Powell, P. Fowler et D. Perkins/SPL/Photo Researchers. 26, 27: Illustration d'Al Kamajian. 28-32: Illustration de Karen Barnes de Stansbury, Ronsaville, Wood, Inc. 35: Los Alamos National Laboratory, avec l'aimable autorisation de George Zweig; California Institute of Technology. 36: Herman J. Kokojan/Black Star; Nubar Alexanian; International Centre for Theoretical Physics, Rome. 39-49: Illustration d'Al Kamajian. 50: European Southern Observatory, Garching, Allemagne, cartouche du Fermi National Accelerator Laboratory. 52: Lettrine, détail des pages 50, 51. 54: Mathematisches Institut, Universität Göttingen, Allemagne; AIP Niels Bohr Library. 57: Illustration de Fred Holz. 58: The University of Chicago. 61: Illustration de Matt McMullen. 63: Illustration de Fred Holz. 64: University of California, Lawrence Berkeley Laboratory; Vidyut Jain, Max Planck Institut für Physik und Astrophysik, Munich. 66, 67: Rene Sheret; Judah Passow/ J. B. Pictures; The Star Ledger, avec l'aimable autorisation de l'Institute for Advanced Study, School of Natural Sciences, Princeton University. 71: Boston University Photo Services; Mark Steinmetz, University of Chicago; Michael Pirrocco, Princeton University; Robert P. Matthews, Princeton University. 72-75: Illustration de Stephen R. Bauer. 76: Anthony Howarth, Woodfin Camp & Associates. 80-89: Illustration de Matt McMullen. 90, 91: Heinz Zinram, avec l'aimable autorisation de la Society of Antiquaries, Londres. 92: Lettrine, détail des pages 90, 91. 94, 95: Dessin du fond Yvonne Gensurowsky. Äegyptisches Museum, Staatliche Museen Preussischer Kulturbesitz, Berlin, Foto Margarette Büsing; avec l'aimable autorisation du Time Museum, Rockford, Illinois (2); Science Museum, Londres; Heinz Zinram, avec l'aimable autorisation de la Society of Antiquaries, Londres. 96, 97: Dessin du fond Yvonne Gensurowsky. Avec l'aimable autorisation du Time Museum, Rockford, Illinois (2); Heinz Zinram, avec l'aimable autorisation du National Maritime Museum, Greenwich; Avec l'aimable autorisation du Time Museum, Rockford, Illinois; National Institute of Standards and Technology, Gaithersburg, Maryland; Seiko Corporation, Tokyo. 99: Image par ordinateur Time-Life Books; Scala/Art Resource, New York. 100: National Portrait Gallery, Londres; Granger Collection, New York. 102, 103: Ole Römer Museum, Tastrup, Danemark; National Maritime Museum, Londres; National Institute of Standards and Technology. 106, 107: Clark University Archives; Case Western Reserve University, avec l'aimable autorisation de l'AIP Niels Bohr Library; Special Collections Department, Nimitz Library, U.S. Naval Academy, avec l'aimable autorisation des Hale Observatories. 108-113: Illustration de Stephen R. Wagner. 114: Avec l'aimable autorisation de l'AIP Niels Bohr Library; Suddeutscher Verlag Bilderdienst, Munich. 117-120: Illustration de Rob Wood de Stansbury, Ronsaville, Wood, Inc. 122: Smithsonian Astrophysical Observatory. 126-133: Illustration de Stephen R. Wagner.

ÉDITIONS TIME-LIFE

DIRECTRICE DES ÉDITIONS EUROPÉENNES :
Ellen Phillips
Directeur artistique : Ed Skyner
Directrice administrative : Samantha Hill
Secrétaire générale de la rédaction : Ilse Gray

Correspondants : Elisabeth Kraemer-Singh (Bonn) ;
Christine Hinze (Londres) ; Christina Lieberman (New
York) ; Maria Vincenza Aloisi (Paris) ; Ann Natanson
(Rome). Une aide précieuse a également été apportée
par Elizabeth Brown, Kathryn White (New York) ;
Judy Aspinall (Londres).

VOYAGE À TRAVERS L'UNIVERS

RESPONSABLE DE LA COLLECTION : Roberta Conlan
Administration de la collection : Norma E. Shaw

Équipe rédactionnelle pour *La machine-univers*
Conception artistique : Barbara M. Sheppard
(responsable), Dale Pollekoff
Iconographie : Kristin Baker Hanneman
Secrétariat de rédaction : Robert M. S. Somerville
(responsable), Stephen Hyslop
Assistants à la documentation : Dan Kulpinski,
Patricia A. Mitchell
Rédacteurs : Mark Galan, Darcie Conner Johnston
Assistante à la rédaction : Katie Mahaffey
Coordination de la copie : Juli Duncan
Coordination de l'iconographie : David Beard

Avec la collaboration particulière de : J. Kelly Beatty,
Mark Bello, Robert Cane, George Constable, James
Dawson, Marge duMond, Eliot Marshall, Mark
Washburn (texte) ; Vilasini Balakrishnan, Mary
Mayberry, Dara Norman, Eugenia Scharf
(documentation) ; Barbara L. Klein (index).

ÉDITION EUROPÉENNE
Maquettiste : Rachel Gibson
Secrétaire de rédaction : Tim Cooke
Assistante de fabrication : Emma Veys

ÉDITION FRANÇAISE
Direction : Dominique Aubert
Secrétariat d'édition : Monique Gélard
Traduit de l'anglais par Jean-Pierre Luminet
Composition : John Booly, Paulette Poussin
Consultant : Jean-Pierre Verdet, Astronome à
l'Observatoire de Paris

Titre original : *Workings of the Universe*

LES CONSEILLERS

ROBERT KEMP ADAIR est professeur de physique à
l'université de Yale, à New Haven (Connecticut). Ses
domaines d'intérêt sont la physique des particules
élémentaires et la physique nucléaire.

DAVID ALLAN est physicien à la Time and Frequence
division du National Institute of Standards and Technology, à Boulder (Colorado). Son travail porte sur
l'échelle de temps atomique et la classification des
caractéristiques statistiques des standards de fréquence atomiques et moléculaires.

NEIL ASHBY, professeur à l'université du Colorado à
Boulder (Colorado), est physicien théoricien. Ses
recherches portent sur les phénomènes de transport, la
mécanique statistique quantique et la relativité.

S. JAMES GATES, Jr. est professeur de physique à
l'université du Maryland, à College Park (Maryland), et
à l'université Howard, à Washington. Il travaille
notamment sur la théorie quantique des champs et les
théories de supersymétrie.

GARY T. HOROWITZ, professeur de physique à l'université de Californie, à Santa Barbara, s'attache à
développer une meilleure compréhension des phénomènes gravitationnels.

EMIL MOTTOLA est physicien à la Division Théorique
du Los Alamos National Laboratory, à Los Alamos
(Nouveau-Mexique). Ses études portent sur la matière
et l'antimatière, la gravité quantique et la constante
cosmologique.

STEN ODENWALD fait de l'astronomie infrarouge à la
Space Sciences Division of the Naval Research Laboratory, à Washington. Il enseigne également au Smithsonian Institute et a publié de nombreux choses dans le
domaine de la cosmologie.

DON NELSON PAGE est professeur de physique à
l'université d'Alberta, à Edmonton (Canada). Il fait des
recherches sur les trous noirs et l'univers primordial.

ROGER SHERMAN est historien des sciences et
conservateur au Department of Electricity and Modern
Physics, au National Museum of American History, à
Washington. Il a également participé à l'exposition
«Atomic Clocks» de ce même musée.

FRANK WILCZEK est professeur de physique à l'Institute for Advanced Study de Princeton (New Jersey). Ses
recherches portent sur la physique des hautes énergies
et la théorie quantique des champs.

Composition photographique :
DS TYPE s.a., Bruxelles, Belgique
Imprimé et relié par Arcata Graphics,
Kingsport, Tennessee, États-Unis.
Dépôt légal : février 1992